おもしろすぎて眠れなくなる心理テスト

前田京子
KYOKO MAEDA

JN239110

PHP

はじめに

つい「自分のことは自分がいちばんよく知っている」
と思いこみがちです。
でも、自分ではわからない心の側面がたくさんあるのです。

知っているつもりなのに、意外と知らなかった……。
そんな「知らなかった」「見えなかった」
自分の心を発見できるのが心理テスト。

占いも、知らない自分を知るという点では共通していますが、
占いは決められた人生を歩みなさいという「宿命」。

心理テストは自分の特性を知ったうえで、
「どうすれば、よりよい人生になるか」を考えます。

行動心理学や投影などの心理学を軸につくられる
心理テストは単なるゲームではなく、
あなたの人生という海を旅するための羅針盤。

「自分ってどうしてこうなんだろう」
「人間関係がうまくいかない」と思ったときは、

他人や環境を恨んだり、
運命のせいにしてあきらめるのではなく、
ぜひ本書を開いて楽しい設問に直感で答えてください。
なにげなく選んだ答えに本当のあなたの心が映し出されます。

そして自分の傾向を知ることで、
予想もつかない未来、対人関係などがわかり、
あなたの悩みが晴れるヒント・人生に役立つヒントを
つかむことができるのです。

また、家族や友だちと楽しみながらテストをすれば、
「知らなかった意外な一面・気持ち」がお互いによくわかり、
さらに絆《きずな》も深まるでしょう。

あなたがステキな主人公となれるように、
そして大切な人たちと充実した人生が楽しめるように
「心」を探る航海へ出かけてみましょう！

心理カウンセラー　前田京子

CONTENTS

Chapter 1
今のあなたがわかる
心理テスト

Chapter 2

家族の本音がわかる心理テスト

Chapter 3

人づきあいに役立つ心理テスト

Chapter 4

あなたの未来を予測する心理テスト

装幀…林コイチ（ASIANPLANET）
イラスト…林ユミ
本文デザイン…茂谷淑恵（AMI）

本書の使い方

心理テストを楽しんでいただくために、本書の構成を紹介します。
楽しい設問に答えて、知らなかった自分を発見しましょう！

1問1答・2問2答・チャート式などの形式で構成しています。あなたの日常にあるシーンから非日常のシーンまで、さまざまな場面を想定しています。自分がその場面にいるように想像をふくらませて、ひとりでこっそり、家族や友だちと一緒にゲーム感覚で楽しんでください。

TEST 2
公園を散歩しています
ベンチになにがあった？

A 背もたれにかけられた日傘
B 結びつけられた風船
C リードでつながれたペット
D ポケットサイズのガイドブック

診断結果はページをめくる →

TEST 3
あなたは今、
旅行の準備をしています
旅にもって行こうと、
今、手にしたものはなに？

A くつ
B 手鏡
C パジャマ
D 本

診断結果はページをめくる →

むずかしく考え込まずに、直感で答えてください。

ページを
めくると……

答えから、本音や本性を導き出します。

TEST 2 診断
これが悲劇の真実！
あなたの悲観的な考え
がわかります

ベンチにあったものは欲求の象徴。選んだものから「今、満たされていない」と思っていることがわかり、あなたの悲観的な考えを導き出していきます。

A プラス思考で気持ちを軽く
傘は身を守りたい気持ちの象徴。あなたは「うまくいかないのはみんなに嫌われているから?」と思いがち。萎縮せずプラスのイメージを描いて、自信をもって前向きに。

B あきらめないで夢を叶えて
風船は夢をもつことの象徴。あなたは「夢をもちたいけど、どうせ無理……」と思いがち。あきらめないで、まずは叶えられそうな小さな夢をもつことから始めてみましょう。

C 自信をもって愛を実感して
ペットは愛されたい気持ちの象徴。あなたは「愛されたいのに愛されていない……」と思いがち。まずは自分自身をもっと愛して、見方を変えてみて。相手の言動に愛を見出せるはず。

D 思いこみは禁物 気持ちを伝えて
ガイドブックは理解されたい気持ちの象徴。あなたは「私の考えは人に理解されていない」と思いがち。まずはあなたから自己開示すれば、相手からの理解も深まりやすくなるでしょう。

TEST 3 診断
私のここがイヤ！
あなたのコンプレックス
がわかります

あなたが旅行にもって行こうとしたものは、あなたが必要と感じているものです。選んだものから、あなたのコンプレックスがなにかわかります。

A 地位・実力重視?! 肩書きコンプレックス
くつは社会的な立場を意味します。みんなの役に立ちたい、認められたい気持ちから、いつもがんばりすぎるあなた。肩書きや地位に関係なく、まわりの人はあなたを見ていますよ。

B 見た目がいのち?! 容姿コンプレックス
鏡は外見へのこだわりを意味します。もっとキレイになりたいと思っているあなたは、まわりの評判を気にしすぎ?! 容姿ばかり磨かなくても、今のままでじゅうぶん魅力的です。

C 私ってダメ?! 性格コンプレックス
パジャマは飾らない心を意味します。ひかえめなあなたは、自分の性格にダメ出ししがち。あなたの存在に安らぎを感じる人はたくさんいます。そのままの自分を大切にしましょう。

D 無知が怖い?! 学歴コンプレックス
本は学ぶことの必要性を意味します。知識や情報を大切にするあなたは、知らないことが恥ずかしいと思いがち。まわりから見ると、あなたはじゅうぶん知的で信頼できる人です。

行動心理学や投影などの心理学的根拠を軸に、導き出された診断結果を解説していきます。「あたってる！」「そうかもしれない！」と思うことが、心理テストの楽しさです。もし、「私にはあてはまらない」と思ったときは、「もしそうだったら?」と想定してください。その観点はあなたの人生のヒントにつながるはずです。

Chapter 1

今のあなたがわかる心理テスト

TEST 1

おしゃれ大好き！あなたのタイプは？

Q1

ひと目ぼれしたワンピース、翌日お店に行ったら
完売していました。
そのときのあなたの気持ちは？

A 昨日買えばよかったとかなり後悔

B 売れてしまったのは仕方がないとほかを探す

Q2
あなた好みのファッションはどっちより？

A 安心のベーシックがいちばん！　定番スタイル

B 流行大好き！　最先端を追うモードスタイル

診断結果はページをめくる… →

TEST 1

診断

過去に幕をおろそう！
あなたの過去へのとらわれ
がわかります

完売したワンピースを買えなかったときの気持ちは、あなたの過去へのこだわり。好みのファッションは、あなたのタイプをあらわします。この２つの答えから、過去にとらわれがちな傾向がわかります。

2つの問題で選んだそれぞれの記号（A～B）のクロスするナンバー（1～4）があなたのタイプです。

Q1 ＼ Q2	A	B
A	1	3
B	2	4

1 過去を引きずるくよくよタイプ

あなたは過去のことをくよくよ引きずりがち。変化を嫌う保守的な傾向があります。過去は否定せずに「できなかったんだなぁ」と認めることで終わらせて、今に焦点を合わせましょう。

2 どうにかなるさ楽観的タイプ

あなたは過去のことが気になりつつも楽観的。「どうにかなる」とのんきに構える傾向があります。今の自分としっかり向き合い、現実的に足もとを固めることを心がけましょう。

COLUMN

過去との決別！　今とこれからに意識を向けよう

私たちの心のクセとして過去にとらわれてしまうということがあります。元気がいいとき、調子のいいときは過去を忘れているけれど、ストレスがかかると、その心のクセは強く出現します。過去にとらわれやすくなったら赤信号！　ストレスのケアを心がけ、少し先の未来の楽しみをつくりましょう。「明日、友だちとランチに行こう！」など、楽しいことならなんでもOKです。

また、私たちの心の考え方として、人生とは過去があり、今があり、そして未来があると思いがちです。実は、過去や未来は、“実体としてないこと”として、コーチングではあつかいます。過去のことを思い悩んでも未来は変わりません。“実体としてないこと”を考えるのは非生産的で、よりネガティブな思考になります。過去は学びと割り切り、これから先どうしたいのかを思い描くことが大切です。「これからはこうしていこう」と、イヤな過去にはキッパリと幕をおろしましょう。

未来も実体がないことですが、「自分はこうなりたい・こうなったらいいな」という夢や環境を思い描き、それに向かっていくことは、今、目の前にあるかけがえのない有意義な時間です。

3 過去にさよなら さっぱりタイプ

あなたはものわかりがよく自制的。クールで過去にとらわれない傾向があります。見切りが早いために損をすることも多いかも？　時々立ち止まって考えることを心がけましょう。

4 継続が苦手 飽き症タイプ

あなたは心がわりが早い飽き症。興味関心が変化しやすい傾向があります。過去を引きずらないのは、継続できないからなのでは？　目的や目標、期間を決めた達成を心がけましょう。

TEST 2

公園を散歩しています

ベンチになにがあった?

- A 背もたれにかけられた日傘
- B 結びつけられた風船
- C リードでつながれたペット
- D ポケットサイズのガイドブック

診断結果はページをめくる… →

TEST 3

あなたは今、旅行の準備をしています

旅にもって行こうと、
今、手にしたものはなに？

Ⓐ くつ　Ⓑ 手鏡
Ⓒ パジャマ　Ⓓ 本

診断結果はページをめくる… →

TEST 2

診断

これが悲劇の真実！
あなたの悲観的な考え
がわかります

ベンチにあったものは欲求の象徴。選んだものから「今、満たされていない」と思っていることがわかり、あなたの悲観的な考えを導き出していきます。

A プラス思考で気持ちを軽く

傘は身を守りたい気持ちの象徴。あなたは「うまくいかないのはみんなに嫌われているから？」と思いがち。萎縮せずプラスのイメージを描いて、自信をもって前向きに。

B あきらめないで夢を叶《かな》えて

風船は夢をもつことの象徴。あなたは「夢をもちたいけど、どうせ無理……」と思いがち。あきらめないで、まずは叶えられそうな小さな夢をもつことから始めてみましょう。

C 自信をもって愛を実感して

ペットは愛されたい気持ちの象徴。あなたは「愛されたいのに愛されていない……」と思いがち。まずは自分自身をもっと愛して、見方を変えてみて。相手の言動に愛を見出《みいだ》せるはず。

D 思いこみは禁物気持ちを伝えて

ガイドブックは理解されたい気持ちの象徴。あなたは「私の考えは人に理解されていない」と思いがち。まずはあなたから自己開示すれば、相手からの理解も深まりやすくなるでしょう。

TEST 3

診断

私のここがイヤ！
あなたのコンプレックス
がわかります

あなたが旅行にもって行こうとしたものは、あなたが必要と感じているものです。選んだものから、あなたのコンプレックスがなにかわかります。

A　地位・実力重視?!　肩書きコンプレックス

くつは社会的な立場を意味します。みんなの役に立ちたい、認められたい気持ちから、いつもがんばりすぎるあなた。肩書きや地位に関係なく、まわりの人はあなたを見ていますよ。

B　見た目がいのち?!　容姿コンプレックス

鏡は外見へのこだわりを意味します。もっとキレイになりたいと思っているあなたは、まわりの評判を気にしすぎ?!　容姿ばかり磨かなくても、今のままでじゅうぶん魅力的です。

C　私ってダメ?!　性格コンプレックス

パジャマは飾らない心を意味します。ひかえめなあなたは、自分の性格にダメ出ししがち。あなたの存在に安らぎを感じる人はたくさんいます。そのままの自分を大切にしましょう。

D　無知が怖い?!　学歴コンプレックス

本は学ぶことの必要性を意味します。知識や情報を大切にするあなたは、知らないことが恥ずかしいと思いがち。まわりから見ると、あなたはじゅうぶん知的で信頼できる人です。

TEST 4

あなたはどっち？

スタートから、設問の答えを選び、
指示された数字の設問に進んでください。
最後にA～Dにたどり着きます。

START！

1

どっちが本当に幸せ？

a 好きな人に囲まれて過ごす
→4へ
b 好きな物に囲まれて過ごす
→2へ

2

信号が変わりそう……
どうする？

a 走ってわたる
→5へ
b まぁいいかと次を待つ
→3へ

3

どっちに行きたい？

a おしゃれなバル
→5へ
b おしゃれなカフェ
→6へ

4

どっちの花が好き？

a 赤いバラ
→7へ
b 白いユリ
→5へ

5

好きな曲を聴いたら？

a テンションがあがる
→7へ

b 気持ちが落ち着く
→6へ

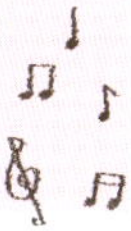

6

わからないことが
あると？

a 人に聞くことが多い
→8へ

b インターネットで調べることが多い→9へ

7

どっちのタイプ？

a せっかちさん
→10へ

b ゆったりさん
→8へ

8

初めて会う相手に
緊張する理由は？

a どう思われているか気になるから→11へ

b 話すことがないから
→9へ

9

本当はなににいちばん
お金を使いたい？

a 人づきあい
→11へ

b 自分の趣味
→12へ

10

自分の仕事
どっちがわくわく？

a 目標を達成していること
→次のページ B へ

b 人の役に立っていること
→11へ

11

グループの活動で
発揮したいのは？

a リーダーシップ
→次のページ A へ

b フォロワーシップ
→次のページ C へ

12

あなたの噂《うわさ》……
どう思う？

a すごく気になる
→次のページ C へ

b そんなに気にならない
→次のページ D へ

診断結果はページをめくる… →

TEST 4

診断

平気で人をだませる？
あなたのうそつき度
がわかります

いつものなにげない行動パターンから、あなたが平気で人をだませるタイプかどうか、どんなときにうそをつくのかなど、うそつき度を診断していきます。

A　うそつき度 80〜100%

その場のノリや雰囲気で話を盛りあげるのが得意なあなた。まわりを楽しませたいために、あることないことを話しがち。悪いという意識はなく、結構うそをついているかも?!

B　うそつき度 60〜70%

人を説得したり、ほしい結果を手に入れるために未来を語るあなた。うそもそのひとつの手段ととらえて、戦略を練っていませんか？　論理的な未来形のうそで相手を説得するタイプです。

C　うそつき度 30〜50%

人をだましたり、うそをつくのは苦手なあなた。あなたがうそをつくとすれば、人間関係を壊したくないときなど……。でも自分の身を守るために、うそをつくときがあるかもしれません。

D　うそつき度 0〜20%

マイペースで自分の世界を大切にしたいあなた。人をだますような機会に関わりたくないのが本音。ほしい結果を守るためにうそをつくくらいなら、自分から身を引くタイプです。

あなた残ってたプリン食べちゃった？
いいえいいえお義母さま
怒ってないのよ
聞いてるだけ…
なんなら
見えてるの
ポイッ
ササッ
DUST BOX

TEST 5

ろうそくの絵を描きましょう

フレームの中に火のついた
ろうそくの絵を描いてください。
本数や形は自由です。

診断結果はページをめくる… →

TEST 6

鏡を見つめてため息……

顔のパーツで「もっと大きかったらいいのに」と
思ったものはどれ?

Ⓐ 目　Ⓑ 鼻

Ⓒ 口　Ⓓ 耳

診断結果はページをめくる… →

TEST 5

診断

あなたの精神年齢がわかります

ろうそくは生命エネルギーの象徴。ろうそくの本数と炎の大きさから、あなたの精神年齢がわかります。

・1本で炎は小さい…A　・1本で炎は大きい…B
・2本以上で炎は小さい…C　・2本以上で炎は大きい…D

A　精神年齢80代　冒険心をもって

あなたは、仙人のように悟りをひらいているタイプ。とても落ち着いてはいますが、すぐにあきらめやすいかも。人生はまだまだこれから！　ときにはなにかにチャレンジする気持ちも大切に。

B　精神年齢50代　もっと行動して

あなたは、責任感がある大人タイプ。なにがあってもどっしり構えていることが多いでしょう。しかし融通がきかず頑固かも？　面倒なことにも重い腰を上げていくように心がけて。

C　精神年齢20代　経験値を高めて

あなたは、夢をもって生きている若々しいタイプ。いろいろなことに挑戦をしていけば、充実した生活を送れそうです。大きな夢を叶《かな》えるには、多少の計算と効率を考えてみるといいでしょう。

D　精神年齢10代　イヤなことは軽く流して

あなたは、無邪気で子どもっぽいタイプ。ちょっとわがままかも?!　思い通りにならないとき、悲劇的になってダダをこねず、「まぁ、いいか」と思えるとストレスも少なく過ごせそう。

TEST 6 

診断

あなたの わがまま度 がわかります

顔はあなた自身。「もっと大きかったらいいのに」と選んだ顔のパーツから、あなたの意識がどこに向いているのかを導き出し、わがまま度を診断します。

A 甘えたいあなたは わがまま度 60～70%

大きな目は魅力の象徴。あなたの意識はいつも周囲に向いています。これはみんなからサポートを得たい、依存心や幼さのあらわれ。相手に求めるだけでなく、自立することも大切です。

B 頼りにされたいあなたは わがまま度 0～20%

顔の中心にある鼻はリーダーシップの象徴。あなたの意識は責任感の強さや目標に対する積極性に向いています。ひとりで抱え込まず、周囲からサポートを得ることも心がけましょう。

C 理解されたいあなたは わがまま度 80～100%

口は言葉、自己主張の象徴。あなたの意識は自分に向いています。これは、自分の意見を通したいというわがままさのあらわれ。話す力と聴く力をバランスよく伸ばしましょう。

D 他人を理解したいあなたは わがまま度 30～50%

耳は世間の評判や有利な情報を得たいという知識欲の象徴。あなたの意識は知識を集めることに向いています。もっと周囲から理解されるように、自分の気持ちを発信してみて。

TEST 7

ふだんのあなたの考えや行動にあてはまるのはどれ？

あてはまる項目をチェックし、数をかぞえてください。

✓ check!

- [ ] 車を買うなら外車より国産の軽自動車がいいと思う
- [ ] 年間の資金計画を立てて実行している
- [ ] ほしいものを買う前にネットなどのリサーチは欠かさない
- [ ] 1週間の献立を考えている
- [ ] 赤より茶色が好き
- [ ] コンビニではなく、極力スーパーで買い物をしている
- [ ] 売るも買うもリサイクルショップをよく活用している
- [ ] 買い物の回数は週に2回以下
- [ ] ポイントカードや電子マネーを活用している

診断結果はページをめくる… →

TEST 7

診断

節約？ 浪費？
あなたはやりくり上手かどうか
がわかります

ふだんの考えや行動にあてはまる項目の数から、あなたがやりくり上手かどうかがわかります。出ていくお金に対するあなたの意識を見直してみましょう。

チェックした項目の数が

8～9個……A　　6～7個……B

3～5個……C　　0～2個……D

A ズバリ！やりくり上級者

出ていくお金に対して堅実で、常に計画にそった節約生活の上級者です。固定費や保険、還付金などをさらに見直し、削減できるものがないか検討してみましょう。あなたの節約スキルをブログに発信するなど、やりくりの達人を目指して。

B ほどよいやりくり上手

節約にはどのくらいのメリットがあるのか、リストにしながらやりくりを楽しんでいるようです。さらにどんな削減が可能なのかなど、まだ見直す余地もあり。雑誌やインターネットなどで情報を収集してみると、思わぬ見落としが発見できそう。

C まだまだやりくり初級者

まずはやりくりの発展に伸びシロが大きいことに注目。生涯に必要なお金を知るなど、年間の収支計画を立てることから始めて。意識しない生活と、計画をもって過ごすことの違いに驚くはず。これからやりくりマスターへの道を邁進《まいしん》しましょう。

D まずは勉強からやりくり苦手

やりくりが苦手なだけ？　または節約を気にしない恵まれた環境にいるのでは？　お金を使うだけでなく、学ぶことで活用できる方法など、知らない世界を知ると今までの常識が覆されるかも。まずは家計簿をつけるなど、意識することから始めて。

TEST 8

モダンアートの美術館に飾られている絵

黒いキャンバスに白い幾何学模様。
どんな模様？

A 四角形　B 丸
C 五角形　D 三角形

診断結果はページをめくる… →

TEST 9

友だちと待ち合わせて合流しお茶をすることに

あなたが店を決めるなら?

A 実際に店を見て雰囲気で決める

B 昔行ったことのある印象がよかった店をすすめる

C お茶したあとの予算も考え、低価格の店を探す

診断結果はページをめくる… →

TEST 8

診断

うまく手をぬいて楽する あなたにおすすめの家事術 がわかります

白は真実、黒は無意識の世界の象徴。幾何学模様の形は性格をあらわします。選んだ形から、家事に対するあなたの考え方の傾向を導き出し、おすすめの家事術を紹介します。

A 時短ワザで自分の時間を!

コツコツと努力家のあなた。1日のうち家事をする時間は○分など時間を制限して、時間短縮に目を向けることを意識しましょう。そうすることで、自然と有意義な時間がふえるでしょう。

B 家族に甘えて家事も楽しく

協調性に富んでいるあなた。「一緒にやってもらえない?」と、協力してもらえる言葉を家族に投げかけてみて。協力を得られることで家事の負担が減り、楽しさも倍増します。

C 段取りバッチリ今のままでOK!

要領のいいあなたは、今のままでも段取りよく家事をこなしているようです。手をぬくコツもつかんでいるからこそ、ときには手間をかけて、完璧な家事を目指すものいいでしょう。

D 家事には妥協も?! たまには手をぬいて

まじめで手をぬくことが苦手なあなた。家事をしながら、「ま、いっかぁ、こんなもんで……」と何度も口にして意識づけをしてみて。そうするうちに、楽するコツが身につくでしょう。

TEST 9  診断

なぜ痩せられないのか？

あなたにおすすめのダイエット方法

がわかります

あなたが店を決めるときに考える理由や行動から、あなたのタイプを導き出します。それぞれのタイプにあった、オススメのダイエット方法がわかります。

A　ダンスエクササイズでサイズダウン

がんばり屋さんのあなたは、ワンサイズ下の服を買い、「これが着られなきゃ損！」と自分を奮起させるのが効果的。リズムにのって楽しくカラダを動かすダイエットがおすすめ。

B　憧れのあの人を頭の中に描いて

想像力豊かなあなたは、憧れのモデルの写真を壁に貼ったり、携帯電話の待ち受けにしたりしてみて。なりたい自分をイメージしながら食事バランスや運動を心がけて。

C　カラダと生活を分析してかしこくダイエット

頭脳派のあなたは、なにが原因で太ったかなど自己分析・管理ができる人。定期的に体重を記録して変化を把握しながら、食事や運動の計画を立てるのが確実に痩せる近道でしょう。

LIFE ADVICE

ダイエットは「ひかえめ」がいちばんのカギ！

思うような結果がすぐに出ることはまれです。　集中して結果を出すのもステキですが、摂生の心がけはとても大切なことです。

TEST 10

TVに人気の料理人が出演しています

料理人が人気の理由は？

A バラエティにとんだレシピの数

B 見た目が料理人らしくないモデル風の容姿

C 芸人のようなギャグを連発するくだけた性格

診断結果はページをめくる… →

TEST 11

あなたが大切にしている アクセサリー

理由《わけ》あって売らなければなりません。
1つだけ手もとに残せるとしたらどれ？

A　アクアマリン（水色）のネックレス

B　ルビー（赤）の指輪

C　金のティアラ

D　アメジスト（紫）のブレスレット

診断結果はページをめくる… →

TEST 10

診断

イライラとさよなら！ あなたにおすすめなストレス解消法がわかります

料理人の人気の理由は、自分に足りないと求めている性格です。選んだ理由から、あなたの悩みの傾向と、そんなあなたにピッタリなストレス解消法がわかります。

A ストレス解消法は人とのふれあい

あなたはいろいろと考え込んで気持ちが悶々《もんもん》としがち。家族、あるいは美容院やエステなど、人とのスキンシップを通して心をほぐすといいでしょう。人の温《ぬく》もりがストレス緩和に。

B ストレス解消法はプチ贅沢《ぜいたく》

あなたは落ち込みやすく暗くなりがち。晴れの日の公園で、ちょっとリッチなお弁当を食べるのもいい気分転換。がんばったときは、自分へのごほうびにほしいものを買ってみては？

C ストレス解消法はデトックス

あなたはイヤなことがあると、ムシャクシャしがち。思い切り汗をかいたり、カラオケやスポーツ観戦などで大声を出してイライラをはき出して。友だちとのグチ大会もストレス発散に。

LIFE ADVICE

お風呂で

お風呂にアロマオイルを3～4滴入れ、鼻からおなかに息を通すことを意識しながら深呼吸を。香りが心理面に働きかけることで、ゆったりと心を落ち着かせ、ストレス緩和になります。

TEST 11 

診断

自由？ 愛？ 地位？ プライド？
あなたがもっとも失いたくないもの
がわかります

あなたが売ったアクセサリーは、自分には必要ないと思っているもの。最後に手もとに残したアクセサリーから、あなたが失いたくないものがわかります。

A 自由に人生を楽しみたい！

アクアマリンの水色は自由の象徴。ネックレスは自分に自信を取り戻すことを意味します。あなたがもっとも失いたくないものは、自由と清潔感。ときには、周囲にあわせることも必要です。

B 家族への愛がすべて？！

ルビーの赤色は情熱の象徴。指輪は愛情を意味します。あなたがもっとも失いたくないものは、家族への献身的な愛。でも、愛を優先しすぎると、まわりが見えなくなるので注意して！

C なにかを得るにはお金と権力？！

金のティアラは社会的地位の象徴。あなたがもっとも失いたくないものは結果。お金や権力でほしいものは手に入ると思っているかも？！　結果より過程や人との関係に目を向けましょう。

D 気高く清く！プライドが大切

アメジストの紫色は気高さの象徴。ブレスレットは自分をアピールしたい気持ちを意味します。あなたがもっとも失いたくないものはプライド。ときには心をゆるめて人に頼ってみて。

TEST 12

昨夜あなたは夢を見ました

どんな夢ならうれしい？

A キレイな猫を飼う夢

B 犬をなでている夢

C 海を泳ぐイルカの夢

D 颯爽《さっそう》と馬に乗る夢

診断結果はページをめくる… →

TEST 12

診断

私って意外！あなたが今、なりたい自分がわかります

夢はあなたの深層心理をあらわします。選んだ動物とその関わり方から、あなたが今なにを求めているのかがわかり、なりたい自分像を導き出します。

A　気ままに自由を楽しみたい！

猫は人との関わりを暗示し、自由で気まぐれの象徴。家のことから離れて自由になりたい、あなたの心理をあらわしています。自分が楽しめる趣味や癒やされる時間を見つけましょう。

B　夢を叶《かな》えるために応援してほしい！

犬は出世や支援の象徴。人とのつながりや自己を充実させたいあなたの心理をあらわしています。夢に向かって趣味や勉強などをがんばれば、まわりの人はきっと応援してくれます。

C　新しい自分を発見したい！

イルカは知恵や友好の象徴。充実した人間関係を築きたいという、あなたの心理をあらわします。人との出会いによる運気向上を求めていることから、新しい自分を見出《みいだ》したいのかも?!

D　いい夫婦関係で豊かな人生を！

馬は人間のよきパートナーであり、生命力や性エネルギーの象徴。夫にもっと頼りたいというあなたの心理をあらわします。素直な気持ちが人生を豊かにし、夫の出世につながるかも?!

Chapter 2

家族の本音がわかる心理テスト

TEST 13

家族で動物園へ……

いちばん興味をもったのはどの動物？
家族それぞれ本人が選んでください。

A ワシ

B キツネ

C ラクダ

D クマ

E モモンガ

F ヤギ

G ペリカン

H コアラ

I ハト

診断結果はページをめくる… →

TEST 13 

診断

独裁？ おせっかい？ わがまま？
家族みんなのマイペース度
がわかります

動物園にいた動物は選んだ人の分身です。選んだ動物からそれぞれの性格を導き出し、マイペース度を診断していきます。家族のタイプを知ってもっと絆《きずな》を深めましょう！

A 独裁者型 マイペース度“高”

ワシは圧倒的な力の象徴。あなたは「言う通りにして！」という威圧的なタイプです。自分の意見を押しつける前に、まずは人の話に耳を傾け、家族との信頼関係を築くことが大切。

B 独裁者型 マイペース度“中”

キツネはずる賢さの象徴。あなたは言うことを聞かない相手に対して、思い通りにする策略を練るタイプです。良好な家族間関係を築くために、妥協などで解決を図ることも心がけて。

C 独裁者型 マイペース度“低”

ラクダは忍耐の象徴。あなたは言いなりになって耐えるタイプです。耐えてばかりだとストレスはたまるばかり。家族に気持ちをちゃんと伝えられるように、自己主張する勇気も必要です。

D おせっかい型 マイペース度“高”

クマは母性の象徴。あなたは「私に任せれば大丈夫」とつい世話を焼いてしまうタイプです。自分のペースにまわりを巻き込んでしまいがち。ときには家族を信頼して任せてみては？

E　おせっかい型 マイペース度“中”

モモンガは家族対立の象徴。あなたは家族のためにしたことを否定されると、ガッカリして落ち込むタイプです。まずは家族の希望を聴いてから行動することを心がけてみましょう。

F　おせっかい型 マイペース度“低”

ヤギは優しい心の象徴。あなたはおせっかいな人ですが、「まぁ、いいかな」と受け入れるタイプです。しかし流されすぎることもあるので注意。自分の意見はしっかり家族に伝えて！

G　お子様型 マイペース度“高”

ペリカンは、逃避願望の象徴。あなたはダダをこねる子どものように、好き勝手にふるまうタイプです。家族の気持ちを思いやったり、イヤなことから逃げ出さず問題と向き合って。

H　お子様型 マイペース度“中”

コアラは、周囲に甘える気持ちの象徴。あなたは面倒なことをまわりに任せて、好きなことだけしていたいタイプです。積極的に行動することを意識すれば、頼れる人に成長するでしょう。

I　お子様型 マイペース度“低”

ハトは対人関係の安定の象徴。あなたは自己中心的にならず、妥協できるタイプです。しかし安定を求めすぎて建前ばかりにならないように気をつけて。ときには家族に本音でぶつかって。

TEST 14

イタリア旅行で立ちよったあるお店で……

Q 1

入り口に看板ネコが寝転がっていました。
そのネコはどんな様子？
夫や子どもに選んでもらってください。

A あなたのほうへ歩みよってきた

B あなたをチラッと見ただけで毛づくろいを続けた

Q2
店長のおじさんはどことなくユーモラスな顔。
それはなぜ？

Ⓐ ヒゲ　Ⓑ メガネ

診断結果はページをめくる… →

TEST 14

診断

私のなにがいけないの？
あなたに対する家族の不満
がわかります

ネコの行動はあなたの家族への接し方、おじさんの特徴はあなたの表現タイプをあらわします。この２つの答えから、夫や子どもがあなたに対してどんな不満をもっているかを導き出します。家族の思いを受け止めて！

2つの問題で選んだそれぞれの記号（A～B）のクロスするナンバー（1～4）があなたのタイプです。

Q1 / Q2	A	B
A	1	3
B	2	4

1 あなたへの不満は突然のヒステリック

あなたは家族にかまいすぎ、気持ちを表に出すタイプ。家族にイライラをぶつけてしまいがちなので注意して。八つ当たりしそうになったら、深呼吸して落ち着きを取り戻しましょう。

2 あなたへの不満はちょっぴりしつこい

あなたは家族にかまいすぎますが、気持ちを表に出さないタイプ。家族のために尽くしても、余計なお世話と思われがち。もっと自分のやりたいことや好きなことに目を向けて。

3 あなたへの不満は自由気ままな行動

あなたは自分を優先し、気持ちを表に出すタイプ。好きなことがあれば、それに没頭してしまいがち。家族があなたとどう過ごしたいのかも話題にして、家族団らんの時間もふやしましょう。

4 あなたへの不満は秘密主義

あなたは自分を優先し、気持ちを表に出さないタイプ。ひとりで練った計画を家族に打ち明けず、そっと実行に移すところも。もっと心をオープンにして家族との絆《きずな》を深めてみて。

TEST 15

クリーニング店に電話をしている女性がいます

電話をかけてきた
相手が尋ねている内容とは？

はい！
○△クリーニングです……
CLEANING MENU

Ⓐ「受け取ったスーツのボタンがとれていたんですけど」

Ⓑ「インテリア・ファブリックは取りあつかってますか？」

Ⓒ「パーティードレスはプラス料金いくらですか？」

Ⓓ「いつごろ取りに行けばいいですか？」

診断結果はページをめくる… →

TEST 16

家族で骨董品《こっとうひん》店へ……

気に入った掛け軸にはどんな絵が描かれていた？
あなたの夫や子どもに選んでもらってください。

A トラ　B 竹　C トリ

診断結果はページをめくる… →

TEST 15

診断

夢？ それとも憧れ？
あなたが理想とする家庭像
がわかります

電話の相手が話している内容は、あなたが家庭で大切にしていることをあらわします。選んだ答えから、あなたが理想とする家庭像がわかります。

A 主導権をにぎって家族をまとめたい

あなたは自分がリーダーになる家庭が理想です。夫や子どもに対しても、しっかり役割を果たしてもらうこと求めています。家族のいいところに目を向け、認めて、やる気を伸ばして。

B あなたのハートで円満な家庭に

あなたはほっこりと温かい家庭が理想です。ケンカのない平和な家庭を求めています。細かいことは気にせず、大きな心で受け止めれば、イヤなことがあっても軽く受け流せます。

C あなたの支えが家族の喜びに

あなたは笑いの絶えない明るい家庭が理想です。トラブルのない家庭を求めています。家庭内トラブルの予防策は、家族に尽くすあなたの笑顔がカギ。献身的に接することで家族に喜びを。

D 家族の安心できる心が通じる家庭に

あなたは以心伝心で家族が理解しあえる、ストレスのない家庭が理想です。もし直接伝えにくいことがあるときは、手紙を書いたり、メールの絵文字を使ったりして心を通わせてみて。

TEST 16

診断

将来どれくらい偉くなる？
家族の出世度
がわかります

掛け軸の絵は意欲の象徴。夫や子どもが選んだ絵から、それぞれの社会生活に対する気持ちと取り組み方の傾向がわかり、出世度を導き出します。

A 将来性バッチリ！ 出世度“高”

トラは名声の象徴。名声や権威を強く求めている気持ちをあらわします。自分がやりたいことを見つけ、野心をもって前に突き進むことができる頼もしい人です。きっと出世するでしょう。

B 努力次第で出世するかも?! 出世度“普通”

竹は発展の象徴。今の自分をよりよくしたい気持ちをあらわします。まだまだ発展の途上にあっても、がんばって前へ進めば、大きく飛躍するはずです。将来が楽しみなタイプ。

C マイペースで自分らしく 出世度“ぼちぼち”

トリは理想の象徴。理想を描いている気持ちをあらわします。ライバルを蹴落としてまで、高すぎる理想に届かなくてもいいと考える人。協調性があるので平均的な出世ができるでしょう。

LIFE ADVICE

家族の出世をサポートしよう！

「どうせあなたにはムリ」などのマイナスの言葉より、「あなたならできる！　応援するよ！」という未来形の愛と承認の言葉が、家族の出世をサポートします。

TEST 17

友だちとカフェへ……

フルーツたくさんのケーキを食べることにしました。
あなたがそのケーキを選んだ理由は？

- A いちばん人気だったから
- B 見た目がカラフルでかわいかったから
- C こだわりのフルーツとメニューに書いてあったから
- D 友だちが同じケーキを選んだから

診断結果はページをめくる… →

TEST 18

街を歩いていると……「そろそろランチタイム?」

なぜ、ランチタイムと思いましたか?

A 通りのレストランが混んできていたから

B 時計を見てお昼どきだったから

C おなかがグーッとなったから

診断結果はページをめくる… →

TEST 17 

診断

私っておねだり上手？

家族にうまく甘えているか

がわかります

フルーツは愛情や喜び、ケーキはまわりの人に甘えたい気持ちの象徴。フルーツケーキを選んだ理由から、あなたはおねだり上手かどうかがわかります。

A 強がらないで もっとおねだり

ほしいものがあっても節約や貯金をして自分で買ってしまう、がんばり屋タイプのあなた。がんばりすぎて疲れないために、ときには強がらないでもっと家族に甘えてみて。

B そのままでOK! 天性のおねだり

誰とでも仲良くできるタイプのあなた。ほしいものを目にしたときの喜ぶ様子や表情が自然なおねだり効果に。そんなあなたの魅力に、つい家族は甘えさせてあげたくなるようです。

C 賢くリサーチ 手堅いおねだり

ほしいものがあるとインターネットなどで、値段や口コミをチェックしておねだりする理論的なタイプ。ときにはかわいらしくおねだりして、ドキッと家族の心を動かしてみて。

D 遠慮しすぎ ?! おねだりベタ

つい気がねして、おねだりできないタイプのあなた。遠慮しすぎると家族との距離もうまれてしまうので注意を。家族は頼られるとうれしいものです。ときには思い切って甘えて。

TEST 18

診断

家族のためならなんでもできる？
あなたの献身度
がわかります

ランチタイムだと思った理由は、周囲の空気を読む感覚をあらわし、家族に対するあなたの傾向がわかります。選んだ答えから、家族への献身度を導き出します。

A 献身度“高” やらなきゃタイプ

「やってあげなきゃ」「やってあげたい」という思いに突き動かされているあなたは、家族のために日々奮闘していそう。無理をしすぎないで、自分のためのリラックスタイムを大切にして。

B 献身度“中” 損得勘定タイプ

「やってあげたら、なにしてくれる？」と計算して、あまり尽くすことはないあなた。見返りより「○○したから、私の身になった」という自負、自尊心に目を向けてみましょう。

C 献身度“低” 気分屋タイプ

機嫌がよければ尽くし、イライラすると尽くすのが面倒になるあなた。「尽くさなきゃ」と義務のように思うよりも、「家族が快適になるように」と思えばイヤイヤ気分も和らぎます。

LIFE ADVICE

「尽くす」ってどういうこと?!

「尽くす」は「自分ができることを尽きるまでする」という意味。自己犠牲ではなく、「家族のため、できることはしよう」というシンプルな発想や家族への変わらない愛が大事です。

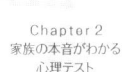

TEST 19

あなたは超能力者!

カードの裏に描かれた図形を透視できるあなた。
目の前に置かれたカードはどんな図形?
あなたと夫、それぞれ1枚選んでください。

A 
B 
C 
D 

診断結果はページをめくる… →

TEST 20

日曜大工が得意な友だちに家の修理を頼みました

作業が終わり、友だちが帰ったあと
忘れものに気づきました。それはなに？

Ⓐ クギ　Ⓑ 接着剤
Ⓒ のこぎり　Ⓓ はしご

診断結果はページをめくる… →

TEST 19

診断

夫婦の愛情目線がわかります

カードの図形は性格をあらわします。選んだ図形から、夫婦それぞれがどこに愛情を求めているか導き出します。お互いの愛情目線を知って理解を深めて。

A 愛情目線は“信頼関係”

四角形は信頼の象徴。「この方法がベスト！」と確固たる考えをもつしっかりタイプ。そんな自分のまっすぐさに対して、「信頼してほしい！」とパートナーに愛情を求めています。

B 愛情目線は“自分への評価”

円形は評価の象徴。家族への愛情が深く、気づかいがとても細やかなタイプ。そんな自分のマメさに対して、「いい評価がほしい！」とパートナーに愛情を求めています。

C 愛情目線は“喜びの共感”

多角形は喜びの象徴。いつも明るく躍動的で好奇心旺盛なタイプ。そんな自分の機嫌のよさに対して、「一緒に喜びを共感してほしい！」とパートナーに愛情を求めています。

D 愛情目線は“自分への理解”

三日月形は理解の象徴。黙ってものごとを察し、ひとりで背負ってしまう気づかい屋タイプ。そんな自分の繊細さを理解し、助けてくれるところに愛情を感じています。

TEST 20

診断

夫からの
愛され度
がわかります

友だちが忘れたものは、執着心をあらわします。選んだ答えから、夫婦関係に対するあなたの傾向を導き出し、夫からの愛され度を診断します。

A 愛され度は もっと愛されたい?!

夫婦関係で優位に立ちたいあなた。夫の気持ちを無視してしまいがち。夫は少し居心地が悪い場合もありそう。夫の気持ちを考えながら言動をとれば、さらに愛され度はアップしますよ。

B 愛され度は いい感じ!

激しく落ち込むことはなく、いつも明るく家事をこなす楽観的なあなた。夫はあなたと一緒にいることに幸せを感じています。でもマイペースがわがままに転じるとケンカになるので注意!

C 愛され度は ばっちり!

夫への気配りが細やかなあなた。夫はそんなあなたをとても愛しています。「こんなに尽くしているのに」と思ったときは、男は不器用なものと、おおらかに受け止めるとよいでしょう。

D 愛され度は まぁまぁ?!

家族のために奮闘しているあなた。夫はそんなあなたを大切に思っています。ただ、夫から批判されると反撃して文句が多いかも? 素直に「ありがとう」といいあえる夫婦関係を!

TEST 21

あなたは大活躍中のマジシャン

とくに人気の演目は？

A その場で選んだ客のもちものを消すマジック

B 猛獣をあっという間に消す派手なイリュージョン

C コップを使ってものを出したり消したりする手品

診断結果はページをめくる… →

TEST 22

むかしむかしのアラビアの物語

謎の旅商人が王様に献上した魔法の○○とは？

A 金貨　　B 指輪

C 鈴　　D 手鏡

診断結果はページをめくる… →

TEST 21

診断

夫婦ゲンカのあとの つながり方 がわかります

マジックの演目は、夫婦ゲンカしたあとのあなたのキャラクターをあらわします。選んだ答えから、良好な夫婦関係を築くためのつながり方を導き出します。

A ホッコリした雰囲気が大切

カッとなると素直になれないあなた。ケンカのあとは、一緒に楽しめるDVDやTV番組を見るのがおすすめ。笑ったり、お互いにツッコミあうなどして、よりあたたかな関係を深めて。

B いつもとちがう演出が決めて

自己のイメージが大切なあなた。「仲直りのきっかけをつくれる、大人な妻」という自分を想像することから始めて。ケーキをつくったり、いつもとちがう食卓で夫婦の関係を盛りあげて。

C すてきな言葉で夫の心をキャッチ

白黒はっきりしたいあなた。ストレスは生活に影響が出るので、「ケンカは負けるが勝ち」の気持ちで。気まずいときは、「お仕事お疲れさま！」と夫の心がなごむメールを送りましょう！

LIFE ADVICE

長引くケンカはお互いを不健康に

ケンカが長引くのは、正当化と自己主張のとらわれ。長引くほど、時間や体力、精神力を消費するだけ。結局プラスにはなりません。仲直りはお早めに！

TEST 22

診断

浮気されない?!
愛され続ける妻になるコツ
がわかります

旅商人はあなたで、王は夫。献上したものは、あなたの性格を象徴しています。選んだものから、夫に浮気されやすい要因と改善ポイントを導き出します。

A ほめて・認めて 夫の肯定感アップ!

金貨は権力の象徴。あなたは夫にダメ出しをしがち。夫が自信をなくし、自分を認めてくれる女性へ走ることがないように、「○○できるあなたはステキ！」と自信につながる言葉がけを。

B 女性らしさで 夫はドキッ!

指輪は愛情の象徴。あなたはつい色気を忘れがち。夫の関心がほかの女性に向かないよう、休日は明るく色づくリップクリームをつけたり、暖色系の部屋着を着て女らしさをアピールして。

C あなたの包容力で 夫は笑顔に!

鈴は楽しさの象徴。あなたは夫の期待を裏切りがち。「私はこうしたいの！」とわがままがすぎると、夫は素直な女性に目がいくかも?! 心を柔軟にして、夫の願いを叶《かな》えてあげて。

D あなたのNOで 夫に緊張感を!

手鏡は評価の象徴。あなたはどんなことでも夫をゆるしがち。「なにをしても大丈夫だろう」と夫が浮気に走ってしまうかも?! 自分の意見をはっきり伝え、ときにはＮＯと言ってみましょう。

TEST 23

あなたの子どもに あてはまるタイプや口調は？

Q1

子どものタイプは？

A 好き嫌いがはっきりしている

B 感受性が強くものごとをイメージや感覚でとらえる

C 発想が豊かだが決断することが苦手

Q2
子どもが話すときの口調は?

A トーンが低めの口調

B ソフトな話し方や声をつくる

C 口調が早い

診断結果はページをめくる… →

TEST 23

診断

やる気スイッチオン！
子どもの伸ばし方のコツ
がわかります

あなたから見た子どものタイプや口調から、子どもの個性がわかります。それぞれの個性にあった関わり方や伸ばし方を知って、子どものやる気を引き出してみて！

2つの問題で選んだそれぞれの記号（A～C）のクロスするナンバー（1～9）があなたのタイプです。

Q2＼Q1	A	B	C
A	1	4	7
B	2	5	8
C	3	6	9

1 子どもの気持ちをしっかり聴いて！

正義感、責任感が強いしっかり者。しかし思い通りにならないことには感情が高ぶることも。忍耐力と冷静さを伸ばすために心の安定を。まずは子どもの主張に耳を傾けてあげて。

2 結果にだけでなく過程に注目！

優秀なリーダー的存在ですが、成果や実績を重視しすぎて失敗を極度に嫌います。結果だけではなく過程の大切さを理解できるように、ありのままの子どもを認めて、ゆとりのある子に。

3 やり抜く力は明るくほめて！

明るくユーモアがあるムードメーカーですが、気分屋な面もあります。子どもの才能や能力に注目してほめてあげれば、自発的に行動することはもちろん、やり抜く力や責任感もアップします。

4 失敗することの大切さ伝えて

辛抱強く欠点を克服しようとする努力家。しかしうまくいかないときには、自己批判が激しい傾向も。親の期待が重荷にならないように、失敗はダメなことではないと、明るく接していきましょう。

5 気持ちを引き出して「NO！」と言える子に

友だちを大切にする優しい子。相手の意見にあわせすぎて境界線がわからなくなることもあるので、子どもの本当の気持ちを引き出し、断っていいことも理解できるように、勇気づけて。

6 子ども自身が選択できる環境を

責任感が強く、期待にこたえるまじめな子ですが、他人に依存しやすいようです。子どもの意見を受け止めて聴く、認める、選択させることを心がければ、自信がついていくでしょう。

7 見守ることや寄り添うことが大切

穏やかでめったに怒らない、おおらかな子ですが、あまり自己主張をしないため周囲から見過ごされがちです。いつもあなたが見ていることを伝え、寄り添って関わることを心がけましょう。

8 干渉しすぎに注意！個性を尊重して

独創的な感性や美的なセンスをもっている素直で繊細な子。個性や感性をほめて自主性を伸ばしてあげて。子どもの自己表現を否定することや過剰な干渉は慎むように注意しましょう。

9 あきらめずに体験する喜びを

好奇心が旺盛ですが、ひとりでいることや特定の親友とのつきあいを好むようです。否定的な面を見ると、すぐにあきらめがち。乗り越える力を身につけるために、体験することを応援して。

TEST 24

あなたの子どもにあてはまる行動や態度は?

Q1

子どもが失敗や間違いをしたときの行動は?

A 頑固になり、自分を押しとおす

B 自分の殻にこもり、心を閉ざす

C 優柔不断で行動をしなくなる

Q2

あなたの子どもの日ごろの態度に近いものは？

A 人が好きでイヤなことは避けがちな子ども

B 落ち着いていて静かな大人びた子ども

C 主張が強い、わかりやすい子ども

診断結果はページをめくる… →

TEST 24

診断

子どもが悩んでいるとき、どうする？
子どもとの接し方のコツ
がわかります

失敗や間違いをしたときの行動や日ごろの態度は、子どもが落ち込んだときの傾向をあらわします。この2つの答えから、子どもをプラスに導く接し方のコツがわかります。

2つの問題で選んだそれぞれの記号（A〜C）のクロスするナンバー（1〜9）があなたのタイプです。

Q1 / Q2	A	B	C
A	1	4	7
B	2	5	8
C	3	6	9

1 子どものSOSを見逃さないで！

自分のことよりもまわりの人を優先するタイプ。困っていても問題がないかのようにふるまいがち。さみしさや怒りを外に出すことが苦手なので、子どもの感情をしっかり見守って。

2 子どもの“できた”を応援してあげて！

他人から批判されることを嫌うタイプ。完璧を求めるあまり、自己批判や他者批判もしがち。子どもがリラックスできる雰囲気をつくり、できたことや成長の過程に注目しながら応援して。

3 子どもの弱音を受け止めて！

正義感が強く勝つことにこだわるタイプ。やりすぎて疲労消耗することもありがち。子どもに、弱音をはくことや妥協も必要ということを教え、自分を傷つけないようにサポートして。

4 子どもの疲れた気持ちを癒やして！

人の助けになりたいと思っている反面、他人からの非難や批判に敏感なタイプ。対人関係に疲れやすい傾向があります。子どもの感情を受け入れ、安心できる環境づくりが大切です。

5 子どものストレスは発想の転換で軽減！

優秀な努力家ですが、失敗への脅迫観念やマイナス感情には耐えられないタイプ。やりすぎてストレスをためがちなので、視点を変える柔軟な発想があることを子どもに教えてあげて。

6 子どもの強情は温かく包んで！

感受性が強く恥ずかしがり屋ですが、自分を表現したい欲求も強いタイプ。自分の存在を評価されないと強情になり内にこもりがち。穏やかで温かな包容力で子どもに安心感を。

7 子どもの苦手意識には達成する喜びを！

明るく楽天的で行動力はありますが、途中で投げ出したり、苦しみを避けるタイプ。ひとつのことに絞って取り組み、達成する喜びを体験できるように親がサポートするといいでしょう。

8 子どもの個性を温かく見守って！

知的で勤勉、孤独を好むタイプ。人と争うことやプライバシーの侵害、制限されることを嫌い、頑固になることもあります。子どもの個性を尊重して、温かく見守っていきましょう。

9 子どもの自信はほめて安心感を！

まじめで責任感が強い反面、自信をもつことが苦手なタイプ。また、心配性で不安や恐怖を抱えやすい面もあります。自信につながるようにほめて、子どもに安心感を与えてあげて。

TEST 25

事件現場の壁に残された文字

犯人による意味深な文字が残されていました。
どんな文字？

A NG　　B !

C OK　　D ?

診断結果はページをめくる… →

TEST 26

今話題の映画を友だちと観《み》に行ったあなた

映画を観たあとの感想は正直イマイチ……
そのとき、あなたの気持ちにもっとも近いのは？

- A 話題の映画が観られたし、まぁいいか！
- B 時間とお金がもったいなかったな
- C あらすじを見たときは面白そうだったのに……
- D 一緒に観た友だちはどう思ったのかな？

診断結果はページをめくる… →

TEST 25

診断

子どもにイライラしてしまったら、どうする？
心の切り替え方のコツ
がわかります

残された文字は、あなたが怒ったときの傾向をあらわします。選んだ文字から、子どもにイライラしてしまったときの気持ちの切り替え方がわかります。

A　おおらかな気持ちで心を整理

あなたは子どもに完璧を求めすぎ。イライラしたときは、不要な考えを捨てて気持ちを整理しましょう。気分がスッキリしたら、「そこそこできればＯＫ！」と気持ちを切り替えましょう。

B　好きなことでリフレッシュ

あなたは怒ると感情を爆発させがち。イライラしたときは、好きなことを満喫してイヤなことは流しましょう。リフレッシュしたら、冷静に対話ができるように気持ちを切り替えて。

C　グチをはき出して気持ちを楽に

あなたは子どもを甘やかしすぎて後悔しがち。イライラしたときは、友だちにグチを聴いてもらいましょう。気持ちが楽になったら、子どもにしっかりと気持ちを伝えられるように切り替えて。

D　お風呂に入って頭の中をスッキリ

あなたは子どもにグダグダと言いがち。イライラしたときは、お風呂に入り脳をリラックスさせましょう。スッキリしてから、パッと短くまとめた気持ちを伝え、心を切り替えて。

TEST 26

診断

親子ゲンカのあと、どうする?
子どもと仲直りするコツ
がわかります

映画を観たときの気持ちは、イヤなことであなたがおちいりやすい行動をあらわします。選んだ答えから、親子ゲンカのあとの仲直りのコツがわかります。

A 少し時間をおいて冷静になりましょう

感情やその場の雰囲気に左右されがちなあなた。なにげなく言ったひと言が、子どもを傷つけてしまうことも。ケンカのあとは、少し時間をおいて、冷静に自分の言動をふり返ってみて。

B ときには自分から折れることも大切

自分からあやまるのが苦手なあなた。ケンカのあとも自分は悪くないと訴えがち。悪いと思ったときは、自分から折れるようにしましょう。素直にあやまるとスッキリしますよ。

C 相手の感情にも気を配りましょう

ケンカの原因や相手の悪いところを淡々と話す傾向のあなた。子どもは理屈ではなく、「自分の気持ちもわかってほしい!」と感じています。相手の気持ちにも耳を傾け、気を配りましょう。

D 大切なことはストレートに伝えて

相手を気づかうあまり、悪いところを注意するのが苦手なあなた。本当に大切なことは、子どもにもストレートに意見を言ってみること。ときには、毅然《きぜん》とした態度で気持ちを伝えて。

TEST 27

あなた自身をふり返ってみましょう!

あてはまる項目をチェックし、数をかぞえてください。

✓ check!

- [ ] 趣味をもっている
- [ ] 人づきあいは得意
- [ ] 昔からの同級生や気のあう友人がいる
- [ ] 子育て後の自分の生活を考え、準備している
- [ ] 旅行が好き
- [ ] 夫とのコミュニケーションは良好
- [ ] 自分は結構リーダータイプ
- [ ] 自分なりのストレスの解消法をもっている
- [ ] 将来のために貯蓄をしている

診断結果はページをめくる… →

TEST 27

診断

干渉しすぎ？
子離れできているのか
がわかります

子どものことを最優先し、自分のことはガマンしてしまいがち。あなた自身をふり返って、あてはまる項目の数から、親子関係の未来を診断していきます。

チェックした項目の数が

7～9個……A
4～6個……B
0～3個……C

A 子離れ度90%
輝いています！

あなたは子どもに依存しすぎることなく、イキイキとした生活を楽しんでいます。親子で充実した未来に向けて、目的を共有していくとさらに自立したいい関係が築けるでしょう。

B 子離れ度60%
さらに充実させて！

あなた自身のことと、子どものこと、ほどよいバランスで生活できています。今、あなたが取り組んでいることや興味あることの中から、将来より充実させたいことを整理してみましょう。

C 子離れ度30%
自分の世界をもって！

家庭を大切にして、子ども最優先の生活を尊重している傾向にあります。将来のために、あなたの時間や情熱をそそぐ対象の情報を集め、できることから子離れ準備を始めてみましょう。

Chapter 3

人づきあいに役立つ心理テスト

TEST 28

ホテルのレストランへランチに……

ビュッフェスタイルで
食べたいと思った料理が品切れに！
あなたはどうしますか？

A 料理が追加されるのを待つ

B ホテルのスタッフに料理の追加をリクエストする

C あきらめてドリンクを選ぶ

D 料理をとることができた友人に分けてもらう

診断結果はページをめくる… →

TEST 29

「不思議の国のアリス」の絵本の世界へ……

絵本の世界へ入りこんでしまったあなた。
最初に出会ったのはどのキャラクター？

Ⓐ トランプの兵隊　Ⓑ ハートの女王
Ⓒ チェシャネコ　Ⓓ 白うさぎ

診断結果はページをめくる… →

TEST 28

診断

まわりの人から見た あなたの第一印象 がわかります

食べることは欲望の象徴。食べたいと思ったときの行動から、あなたのものごとに対する執着心を導き出し、あなたの第一印象を客観的に診断します。

A　あなたの第一印象は“親近感のあるかわいい人”

人と調和できる友好的なあなた。ほしいものは、周囲からサポートを得てちゃんと手にしています。そんなあなたの第一印象は、親しみやすく思わず助けたくなる、かわいらしい人です。

B　あなたの第一印象は“自立した頼れる人”

自分に正直なあなたは、ほしいものを積極的に手にしています。そんなあなたの第一印象は、ハッキリして頼れる人。でも、相手によってはキツイと思われがち。伝え方には配慮を。

C　あなたの第一印象は“守ってあげたい優しい人”

人を裏切らないあなたは信頼できる人です。しかし、あきらめが早すぎるかも。そんなあなたの第一印象は、思わず守ってあげたくなる女らしい人。あとはねばり強さを身につけましょう！

D　あなたの第一印象は“素直でわかりやすい人”

いつも考えて行動的なあなたは、人からなにかを得る交渉力をもっています。そんなあなたの第一印象は、自分の欲求に正直なまっすぐな人。ときには周囲と調和することも心がけて。

TEST 29

診断

あなたに対する まわりからの評価 がわかります

絵本に出てくるキャラクターは、それぞれの性格の象徴。選んだキャラクターから、あなたの個性を導き出し、まわりからの評価を診断します。

A まわりからの評価は“責任感のある人”

「こうすればいいと思う」と、しっかりした意見を言うあなたは、周囲からはリーダー的存在と思われています。しかしマイペースな人にはイラッとしやすいので注意しましょう！

B まわりからの評価は“親切な人”

みんながイヤがることも、「私がやります」と、自分から申し出ることが多いあなたは、周囲からは世話好きな人と思われています。頼まれごとに追われて、余裕がなくならないように注意！

C まわりからの評価は“ムードメーカーな人”

いつも楽しい話題でその場を盛りあげてくれるあなたは、雰囲気づくりのうまい人と思われています。ただ、自分ばかり話しすぎないよう、うまい聴き手になることも心がけましょう！

D まわりからの評価は“人あたりの良い人”

裏方の仕事をこなす、ひかえめなあなた。人の意見にニコニコとうなずいているので、人あたりがよい人だと思われています。とはいえ、ガマンはストレスのもと。自分のペースも大切に！

TEST 30

地域の仲間と一緒にイベントを開催

Q1

会場で配る食事を10人分準備することに。
あなたはどのタイプ？

A 周囲の人を気づかい、正確に作業を進める

B 自分のペースで作業を進める

C リーダーシップを発揮して周囲をまとめて進める

Q2
参加している人たちから
なんて言われたいですか？

A ○○さんって、ハッキリしていますね

B ○○さんって、冷静ですね

C ○○さんって、おおらかですね

診断結果はページをめくる… →

TEST 30

診断

本当はこわい！ あなたが心の中で恐れていること がわかります

仲間との関わりと行動、あなたの印象は、人間関係における傾向をあらわします。2つの答えから、心の中の恐れを知り、人づきあいの呪縛をときましょう。

2つの問題で選んだそれぞれの記号（A～C）のクロスするナンバー（1～9）があなたのタイプです。

Q1＼Q2	A	B	C
A	1	4	7
B	2	5	8
C	3	6	9

1 こわいのは“平凡な自分”

人に気をつかうあなたは、ハッキリとした印象で見られたいタイプ。心の中で恐れていることは、普通にうもれることや平凡さです。人はそれぞれ個性がある存在であることを受け入れて。

2 こわいのは“自分を見失うこと”

面倒見がよく、クールな印象に見られたいあなた。心の中で恐れていることは、人に頼まれたら断れず、自分がどうしたいのかがわからなくなること。自分を見つめる時間をもちましょう。

3 こわいのは“愛されていないこと”

みんなに優しく、おおらかな印象に見られたいあなた。心の中で恐れていることは、自分は愛されないかもしれないということ。周囲にばかり求めるのではなく自分自身をもっと好きになって。

4 こわいのは“失敗すること”

自分の考えをもち、ハッキリとした印象に見られたいあなた。心の中で恐れていることは、苦しいことや痛みを体験すること。目的を達成するために、「失敗は成功の母」ということも忘れずに。

5 こわいのは“無能な自分”

自分のこだわりをもち、クールな印象に見られたいあなた。心の中で恐れていることは、自分は無力で役立たないかもしれないということ。もっと自分を信じて表現していきましょう。

6 こわいのは“ルールや常識”

規律を重んじながら、おおらかな印象に見られたいあなた。心の中で恐れていることは、ルールから外れることです。常識や人からの評価だけでなく、自分自身で決断することが大切です。

7 こわいのは“自分の弱さ”

リーダー的存在で、ハッキリした印象に見られたいあなた。心の中で恐れていることは、人から支配されることです。人を頼れることも人徳のなせるワザと思って、頼ってみるといいでしょう。

8 こわいのは“自分の間違い”

みんなのまとめ役で、クールな印象に見られたいあなた。心の中で恐れていることは、自分が悪いのではないかと非難されることです。まわりの仲間を信じて、ときには甘えてみましょう。

9 こわいのは“自分の存在価値”

世話役で、おおらかな印象に見られたいあなた。心の中で恐れていることは、自分には価値がないかもしれないということです。人はそのままで個性と価値ある存在だということを理解して。

TEST 31

海外のTV番組で珍しいペットの飼い主にインタビュー

飼っていた動物は？

Ⓐ クジャク　Ⓑ ミニブタ　Ⓒ カメレオン

診断結果はページをめくる… →

TEST 32

街を歩いていると……

人とぶつかってしまいました。
そのとき、あなたはどう思った？

A 「え？　なに？　スリ？」と財布を確認

B 「気をつけてよ！」と思ったり、にらんだり

C 「すみません」と謝ってしまう

診断結果はページをめくる… →

TEST 31

診断

自分をよく見せたい！
あなたの見栄っぱり度
がわかります

珍しいペットは、見栄の象徴。選んだペットから、自分をよく見せようとするあなたの意識や願望がわかり、見栄っぱり度を導き出します。

A 見栄っぱり度“最高レベル”

クジャクは見た目の美しさから、自己顕示欲の強さをあらわします。ヘアスタイルからメイク、ファッションまでこだわり、みんなの注目を浴びたいという願望がかなり強いようです。

B 見栄っぱり度“中レベル”

ミニブタのかわいらしさから、物欲と雰囲気に流されやすい性格をあらわしています。これをもっていたら、「イイネ！」って言われるかなと、評価を気にして衝動買いすることが多いかも。

C 見栄っぱり度“低レベル”

カメレオンは保護色で身を隠すことから、ひかえめな気持ちをあらわしています。目立たないように自慢話はせず、周囲の人とはぶなんな話題であわせることが多いようです。

LIFE ADVICE

見栄のはりすぎにご注意！

見栄は本当のあなたではありません。美学や粋な気立てなら美しいのですが……。見栄は、はりすぎると意地になり苦しくなります。人と会って疲れたときは、はりすぎのサインです。

TEST 32

診断

どうしたらいいの？
カチンときたときの対処方法
がわかります

人とぶつかってしまったときにとる思考や行動から、あなたのタイプを導き出します。それぞれのタイプによって、カチンときたときの対処法がわかります。

A 怒りよりも不安 未来思考になろう！

カチンときたとき、怒り以上に「この先、どうしよう、もうやっていけないかも……」と、不安な気持ちにとらわれるタイプ。「どうしよう」より「どうしたいか？」と考えて。

B 怒りのもとは不満 冷静に自己分析しよう！

カチンときたとき、怒りを人に向け、「ふざけるな！」と戦闘モードになりがちなタイプ。相手に対する欲求や期待はなんだったかを、あらためて自分で発見すると不満な気持ちも和らぎます。

C 怒りより失望 自分に自信をもって！

カチンときたとき、怒り以上に「自分なんてどうせ……」と、あきらめるタイプ。自分の期待を失ったかのように必要以上に落ち込まず、悲しむパターンからの脱却を目指しましょう。

LIFE ADVICE

期待が叶わない感情って?!

カチンときたら期待が叶《かな》わなかった証《あかし》。例えば、期待が叶う見通しがつかないのは不安。叶うべき期待が叶わないのは怒り。期待していたものを失うのは失望。期待の中身を整理すると気持ちも落ち着きます。

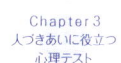

TEST 33

神さまが住むといわれる山奥

神さまの化身だと村人に崇《あが》められていた
動物はどれ？

A イノシシ　B キジ　C シカ

診断結果はページをめくる… →

TEST 34

友だちと連想ゲーム中!

次のお題は「ドイツといえば?」
あなたの答えは?

A 古城

B ジャーマン・ポテト

C ドイツ・ビール

D 木のおもちゃ

診断結果はページをめくる… →

TEST 33

診断

本当はうらやましい?!
ママ友のどんなところに嫉妬しているのか
がわかります

神の化身だと村人に崇められていた動物は、あなたがうらやましいと思っていることをあらわします。選んだ動物から、どんなママ友に嫉妬しやすいかがわかります。

A 嫉妬しやすいのは落ち着いた女性

イノシシは直情的な行動の象徴。思いつきで行動し、失敗しやすいあなた。落ち着きのあるママ友に嫉妬しがち。ムードメーカーという長所に自信をもてば嫉妬心は薄らぎます。

B 嫉妬しやすいのは自分の理想に近い人

キジは理想の象徴。あなたは理想の自己イメージやレベルが高いので、自分の理想に近いママ友に嫉妬しがち。相手と張りあわず、マイペースで自分磨きを楽しむといいでしょう。

C 嫉妬しやすいのはノリのいい人気者

シカは賢い考えの象徴。あなたはまじめで堅実派なので、ノリのよさで人気者のママ友に嫉妬しがち。イベントのリーダー役などあなたが得意な役割に自信をもって取り組んでみましょう。

LIFE ADVICE

嫉妬はエネルギーにチェンジ!

自分で感じたその嫉妬やうらやましさを自分の人生に置き換えて、今後どうやっていこうかと考え、嫉妬を行動をおこすエネルギーに変えてみて。行動しない保守的な人ほど、嫉妬に苦しむことになります。

TEST 34

診断

私ってどんなタイプ？
ママ友グループ内でのつきあい方
がわかります

連想したドイツのイメージは、あなたの性格をあらわします。選んだ答えから、あなたがママ友グループ内でどんなタイプ・役割かがわかります。

A あなたは リーダータイプ

古城は権力や地位の象徴。あなたはグループ内でなにかをするとき、「○○しましょう！」と提案をするのが得意分野。リーダーシップを発揮して、みんなの取りまとめ役がピッタリです。

B あなたは 世話役タイプ

じゃがいもは多方面への気配りの象徴。あなたはグループ内での人間関係の場面においても、その場の空気を読みながら、「○○さんに声かけたほうがいいわ」といった気配りができる人です。

C あなたは 一匹オオカミタイプ

ビールは逃避願望の象徴。あなたはママ友と仲良くしますが、面倒なことがおこると、知らん顔して逃げてしまいがち。予測不可能な一匹オオカミタイプかも。思いやりをもって行動して！

D あなたは 人任せタイプ

木のおもちゃは遊びたい欲求の象徴。相手の思うようにさせているあなたの状況をあらわします。「〜しましょう！」と言われたらなんでもＯＫしがち。イヤなことは上手に断るように！

TEST 35

お母さんたちが集う授業参観日 あなたはどうする?

あてはまる項目をチェックし、数をかぞえてください。

✓ check!

□ お母さんたちのファッションが気になってしょうがない

□ 授業参観日は必ず仲のいいママ友を誘って一緒に行く

□ 仲良くしているママ友が、ほかのお母さんと話をしていると、なにを話しているのか気になる

□ ママ友は年下よりも年上のほうが気が楽だ

□ 授業参観では教室の端や廊下で観《み》ていることが多い

□ 懇談会で、司会を頼まれたら戸惑い、辞退したい

□ 懇談会の席で初対面のお母さんと隣の席になったら気まずい

□ 懇談会で自分から積極的に意見や感想を発言することがない

□ 懇談会で「お任せします」とよく言っている

診断結果はページをめくる… →

TEST 35

診断

依存してしまう？ 依存されてしまう？
ママ友との関係
がわかります

お母さんたちが集う授業参観日で、あなたにあてはまる項目の数から、依存してしまうタイプなのか、それとも依存されてしまうタイプなのかがわかります。

チェックした項目の数が

7～9個……A
4～6個……B
0～3個……C

A 自信をもって！依存傾向が高そう

あなたは自信がもてないと、どうしても他人に意見や判断を求めてしまいがちになります。自分自身への信頼を手にするために、自分の好きなところに目を向けてみるといいでしょう。

B 今のままでOK！フェアな関係がいちばん

自分も相手も、どちらか一方が無理をすることがないように心がけているあなたは、友好関係づくりの達人。これからも互いによきサポーターでいられるフェアな関係をキープしましょう。

C ときには頼ってみて！依存される傾向あり

責任感が強く面倒見のよいあなたは、ついつい相手に頼られがち。頼られてばかりだと疲れてしまうので、ときには相手にお願いをしてみましょう。よりよい関係づくりを築いてみて。

COLUMN

目指したいのは「共生」

依存とは「自分のことなのに自分の判断で決めることが困難で、その決断や判断を委ねる存在が傍《そば》にいないと精神的に不安定な状態」をいいます。自立とは「自身への信頼が根底にあり、自分のことは自分で判断・決断ができる状態」をいいます。依存と自立は対比して用いられることが多く、依存するよりは、自立を目指すことは必要です。しかし人に頼らず生きていくのは、愛がなくて考えものではないでしょうか。もちつもたれつ、支えあう関係を目指しましょう。

TEST 36

雨の日のお出かけ

テンションをあげてくれるのはなに色の傘？

A ブルー　B オレンジ
C ピンク　D グリーン

診断結果はページをめくる… →

TEST 37

ホームパーティーで大盛りサラダをつくりました

そのサラダのいち押しの素材は？

A カラフルな海藻

B 食べられるキレイな花

C スモークサーモン

診断結果はページをめくる… →

TEST 36

診断

本当に心をゆるせる あなたが求めるママ友のタイプ がわかります

傘は攻撃や非難から身を守るものを意味します。選んだ傘の色から、あなたがママ友に求めることがわかります。心をゆるせる相性ピッタリな友だちを見つけて。

A 求めているのは知性と安心感

空や海を思わせるブルーは、先を見通す知性や包容力の象徴。あなたにピッタリなママ友のタイプは、知性漂う大人の雰囲気をもつ人です。なにげない会話の中に安心を感じます。

B 求めているのは行動力とパワー

太陽を思わせるオレンジは、充満したエネルギーの象徴。あなたにピッタリなママ友のタイプは、元気いっぱいで活動的な人です。一緒にいるだけでパワーをもらえるでしょう。

C 求めているのは優しさと気づかい

かわいさを醸し出すピンクは、愛情や女性らしさの象徴。あなたにピッタリなママ友のタイプは思いやりあふれる優しい人。ちょっとした気づかいや配慮など包容力が心地いい関係に。

D 求めているのは癒やしと安らぎ

森林を思わせるグリーンは安らぎやくつろぎの象徴。あなたにピッタリなママ友のタイプは一緒にいるとホッとできる人。無理に会話をしなくても、一緒にいるだけで癒やされます。

TEST
37

診断

きっとステキな出会いがある!

初対面の人と友だちになるコツ

がわかります

大盛りサラダの素材は、あなたのキャラクターの象徴。選んだ素材から、新しい友だちをつくるコツがわかります。ステキな出会いは運気アップにつながります。

A プラス思考で友だちをふやして

海藻は不安の象徴。あなたはマイナス思考になりがちのようです。ママ友＝こわいというイメージではなく、ママ友＝頼りになる仲間と考えることで友だちの輪が広がります。

B 肩の力をぬいた気楽な関係を

花は努力の象徴。あなたはがんばりすぎる傾向があります。「友だちをつくらなきゃ」と義務に思っているのかも？　力まず楽しい関係を築くことで、人と接しやすくなります。

C 会話が弾めば出会いもたくさん

サーモンは知恵のシンボル。あなたはむずかしく考えすぎるタイプかも。どんなことを話題にすべきかとかまえすぎず、気楽に日常会話をすれば、新しい出会いも楽しみになるでしょう。

LIFE ADVICE

人の脳って新しいことが嫌い

初対面のときに緊張するのは、脳のしくみのため。そのしくみにはまってしまうとマンネリ化して退屈な人生に。ときには人間関係にも新たなチャレンジを。

TEST 38

夫の実家で食事会

あなたが手土産にもってきたフルーツは？

Ⓐ りんご　Ⓑ さくらんぼ
Ⓒ いちご　Ⓓ オレンジ

診断結果はページをめくる… →

TEST 39

子どもが大好きなサンタクロース

クリスマス以外の
オフシーズンはなにをしている？

A 世界中の子どもたちの様子を見守っている

B 世界中をまわってプレゼントを吟味している

C 世界中を旅して休暇を満喫している

診断結果はページをめくる… →

TEST 38

診断

これだけは姑にはゆずれない！ あなたのこだわり がわかります

フルーツは人生の喜びや実りの象徴。どのフルーツを選んだかで家庭生活において、「これだけは姑《しゅうとめ》にはゆずれない」といったあなたが大切にしたいものがわかります。

A 教育方針だけはゆずれない！

りんごは子どもの象徴。ゆずれないものは子どものしつけや教育方針です。子どもは姑にとっても大切な孫。いろいろと口を出されたら、姑と一緒に子どもの未来をイメージしましょう。

B 夫婦間のルールだけはゆずれない！

さくらんぼは夫婦の象徴。あなたがゆずれないものは夫婦間のルールです。母は息子がいくつになっても心配してしまうもの。ルールの中にも、夫を大黒柱として立てる配慮を欠かさずに。

C 趣味やおしゃれだけはゆずれない！

いちごは自己の象徴。あなたがゆずれないものは趣味やおしゃれの領域です。家族よりも自分のことを優先していると姑に思われないように、家族への感謝の気持ちを言葉にしていきましょう。

D 食事の献立だけはゆずれない！

オレンジは健康の象徴。あなたがゆずれないものは食事の献立です。姑に贅沢《ぜいたく》と文句を言われたら、栄養バランスと食費のかねあいを考えた献立であることを話してみましょう。

TEST 39

診断

気まずくならない！
姑との関係をよくするカギ
がわかります

サンタクロースの休暇の過ごし方は、あなたの生き方と重なっています。選んだ答えから、姑《しゅうとめ》との関係を良くするカギを導き出します。

A 意地をはらず感謝の言葉を！

自分でリードしたいあなた。姑のすることについ「それは結構です」と断りがち。「ありがとうございます」と感謝することも大切です。素直でいることがいちばんの関係改善策かも。

B 心をつなぐ手紙を送ろう！

姑にやや距離を感じさせているあなた。孫の写真を添えて手紙を送るなど、心のつながりを大切にしてみて。「気にかけてくれてるのね」と喜びとともに、あなたへの信頼感もアップしそう。

C 娘のように甘えてみて！

姑にダメ出しされることに苦手意識をもつあなた。なにか言われないように避けるより、「教えてください！」「すごい！」と関わってみて。娘のようにかわいがってくれるはずです。

LIFE ADVICE

姑は先輩という気持ちが大事

姑には"負"のイメージがつきまといます。学校の先生や部活の先輩、会社の上司のように、いろいろあっても知識をくれる"先輩"と思えば前向きにつきあえるでしょう。

TEST 40

あなたはどっち?

スタートから、設問の答えを選び、
指示された数字の設問に進んでください。
最後にⒶ～Ⓓにたどり着きます。

START!

1

水族館へ
開催中の特別展示はなに?

a 世界の熱帯魚展
→4へ

b 世界のクラゲ展
→2へ

2

「雨女」「晴れ女」
ただの思いこみだと思う

a YES
→6へ

b No
→3へ

3

引越しのあと
最初に取り出したのは?

a 歯ブラシとコップ
→5へ

b カーテン
→6へ

4

下の図を見てください
パッと目を引いたのは?

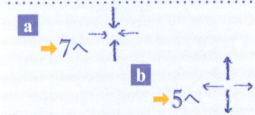

a
→7へ

b
→5へ

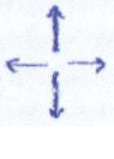

5

歴史的に有名な橋
どんな橋？

a 吊橋
→8へ

b 石橋
→6へ

6

あなたは作家
伝説の生き物を登場させるなら？

a ユニコーン
→8へ

b 人魚
→9へ

7

露店のアクセサリー
目にとまったのは？

a 羽のアクセサリー
→10へ

b 貝殻のアクセサリー
→8へ

8

ハワイアンキルトの
バックの模様を選ぶなら？

a ハイビスカス
→10へ

b ウミガメ
→11へ

9

ふと、青空を見あげると
飛んでいたのは？

a 飛行機
→11へ

b 飛行船
→12へ

10

信号待ちの車の列
先頭に止まっていたのは？

a ラッピングバス
→次のページ A へ

b トラック
→次のページ B へ

11

びっくり箱を開けて
飛び出したものは？

a チンパンジー
→10へ

b ピエロ
→次のページ C へ

12

排水溝
つまってしまったら？

a 自分でなんとかする
→11へ

b 最悪の状況を妄想
→次のページ D へ

診断結果はページをめくる… →

TEST 40 

診断

人づきあいってどうすればいい？
あなたにおすすめの交際術
がわかります

考え方や行動、欲求など、さまざまな観点から、あなたの性格を導き出します。その傾向を診断し、おすすめの交際術を紹介します。

A 自分もまわりも楽しく調和を大切にして！

あなたはとっても社交的です。しかし、つい強気すぎて空気を読みまちがうこともあるかも。自分が話題の主役でなくても気にしないで、みんなのサポートに感謝していきましょう。

B みんなの意見にも耳を傾けましょう！

がんばり屋なあなたは、なににでも手をぬかない完璧主義。自分の価値観を他人に押しつけすぎるので注意して。考え方や好みなど人それぞれ。相手の気持ちになって考えることも忘れずに。

C もっと心をオープンに気持ちを伝えましょう！

ひかえめなあなたは、人に誤解されがちかも。自分の気持ちを察してもらえるように念じるより、あなたから伝えていくほうが人づきあいにはプラスになります。ひとりで考え込まないで！

D 不安や不信を信頼に変えてみて！

どう思われているか不安になりがちなあなたは、人づきあいはするけれども、表面上のつきあいが多いのでは？　もし相手に対して不信感をもっているなら、打ち明けてみると解消できるかも。

Chapter 4

あなたの未来を予測する心理テスト

TEST 41

あなたの日常をふり返ってみよう!

Q1

時間に対するあなたの感覚に近いものはどれ?

A あまり時間のことを考えず、頼まれごとはつい引き受けてしまう

B 予定がつまっていると安心する

C ひとりの時間が大切である

Q 2

人との関わり、あなたの近いものはどれ？

A 穏やかで争いは好まない、
自分の意見を表現するのは苦手

B ものごとを分析するのが好き、自分のペースが大切

C 気に入らないことがあると言わないと気がおさまらない

診断結果はページをめくる… →

TEST 41

診断

そのこだわりって本当？
あなたの願望や思い込み度
がわかります

時間感覚はこだわり、人との関わり方はとらわれやすい傾向をあらわします。この2つの答えから、あなたが抱えるストレスを診断し、軽減する方法をアドバイスします。

2つの問題で選んだそれぞれの記号（A〜C）のクロスするナンバー（1〜9）があなたのタイプです。

Q2＼Q1	A	B	C
A	1	4	7
B	2	5	8
C	3	6	9

1 意思をしっかり まずは自分を大切に

穏やかで感受性豊かなあなた。人の助けになって、よりよい人間関係を築こうという思いから、多くのことを人にあわせてしまいがち。まずは自分をいたわることを優先しましょう。

2 多様な意見を認めて もっと柔軟に

知的な感受性と冷静さをもつあなた。完璧主義で理想を追い求めすぎたり、正義感が強く自分に厳しい傾向があります。正しい答えはひとつではないことも受け入れてみましょう。

3 まわりとの距離感 バランスを心がけて

強い主張と感受性をもつあなたは、社会の秩序と責任にこだわりがあるよう。情が深く、人に気をつかいすぎているかも。まわりの人に意識を向けるだけでなく、ほどよい距離感も必要です。

4　「一緒にやろう!」と周囲も巻き込んで

心が穏やかで忙しいことが生きがいのあなたは、いつも楽しいことを求めています。多くの計画を抱え込み、周囲をかえりみず追求しつづける傾向に。足もとにある幸せにも気づいて。

5　失敗をこわがらずチャンスと思って

冷静さをもちつつ、忙しいことが好きなあなた。達成への執着と失敗への恐怖から過剰な活動をしがちかも。人の価値は結果や評価だけではないことを受け入れられるように。

6　困ったときこそ人の助けが必要です

強い主張をもって忙しく動きまわるあなた。弱音をはくことなく、ケンカをしてでも望みを達成しようとする野心家です。しかし、困ったときにはまわりに頼ってみるといいでしょう。

7　「どうしたいか?」とまず自分に問いかけて

ひとりの時間を大切にする穏やかなあなた。調和と平和を重視するあまり、人に共感しすぎて自分の本音に無自覚なのかも。優柔不断になりがちなので、自分をもっと尊重してみては。

8　現実から離れず人と感情の共有を

冷静なあなたは、知的だけれど感情表現は苦手。ひとりの時間を大切にし、孤独を好む傾向があるようです。観察力や先見性をいかして、あなたがいいと思うことを人へすすめてみて。

9　自分を信じていれば創造はひらめく!

強い主張をもつあなた。感動することや特別なことを追求するあまり、自分自身との葛藤が多いかも。ひとりの時間を大切にして、ものづくりなどで創造力を伸ばしましょう。

TEST 42

あなたはドラマのプロデューサー

Q1

どんなドラマを手がけたい？

A　1話完結型のオムニバスドラマ

B　11話の連続ドラマ

Q 2

ドラマのヒロインが旅で訪れた牧場でのシーン。彼女はお土産店でなにを買った？

A 放し飼い地鶏の卵

B 濃厚ジャージー牛乳

診断結果はページをめくる… →

TEST
42

診断

もっとキレイになれる?
どのように歳を重ねるか
がわかります

手がけたいドラマは行動ペース、ヒロインが買ったお土産は性格をあらわします。この２つの答えから、あなたがどう歳《とし》を重ねられそうかがわかります。

２つの問題で選んだそれぞれの記号（A〜B）のクロスするナンバー（1〜4）があなたのタイプです。

Q2 ＼ Q1	A	B
A	1	3
B	2	4

1 自分の道をまっすぐ進んで!

あなたは自分が信じた生き方でひたすら人生を突き進むタイプ。家族や友だち、みんなから理解と協力を得ることができれば、自分の夢を実現させながら歳を重ねられそう。

2 家族はもちろん自分も大切に!

あなたは家族の幸せをいちばんに考えて生きるタイプ。でも自分のための時間も大切にしましょう。家族に対して大きな見返りを求めすぎず、穏やかで充実した歳を重ねてみて。

COLUMN

もっとキレイになれ！　わ・た・し

歳を重ねるごとにキレイな女性、年齢を感じさせない女性ってとても魅力的ですね。キレイでありたいという気持ちはとても大切なことです。人それぞれ、キレイを目指すことはいいのですが、ついつい他人と比べて優劣をつけるのはいただけません。そういう人間的な質を下げる気持ちは、自分の生活や心の中心に置かないように心がけてください。

とくに日本人の体質は、適度な運動・食事・睡眠などの中心としたシンプルな生活習慣で美しく年齢を重ねていくことが可能です。ですから、歳をとったからといってあきらめてしまうことはもったいないこと！　私が提案するメンタルビューティは、

①自分を大切にする　②過去やものごとを完了する

③目標をもつ、ビジョンを描く　④人とコミュニケーションする

このサイクルをまわすことです。自分と人と社会の未来を大切に愛する気持ちが、すべてをキレイにしていくのです。

さぁ、あなたも今日から鏡を見たら、自分にダメ出しよりも、いいところを認めて、自分に心地いいメッセージを送ることからはじめてみましょう。

3　家庭円満で楽しく自由を満喫して！

あなたは自由を満喫して生きたいタイプ。家庭内でトラブルが起きないように、誠実な言動を心がけましょう。家庭が円満だと心乱されることなく楽しく歳を重ねられるはずです。

4　生きがいを見つけて人生を楽しんで！

あなたは夫や子どもに依存しやすいタイプ。家族のために尽くすだけでなく、自分の好きなことを見つけてチャレンジして。ストレスも少なくてすみ、イキイキと歳を重ねられるでしょう。

TEST 43

家族団らんの時間 リビングでテレビ番組をチェック!

あなたが気になって観《み》たいと思った番組はどれ?

A 自然風景の特集番組

B ホームドラマ

C カリスマ主婦の生活特集

D 海外旅行番組

診断結果はページをめくる… →

TEST 44

気がつけばキッチンまわりがものでゴチャゴチャ……

あなたはどうする?

A 作業する場所だけ簡単に片づける

B まだ使えるかも?　と捨てずに整理整頓する

C 思い切って棚の中のストックもスッキリと断捨離《だんしゃり》

D そのまま見なかったことにしてしまう

診断結果はページをめくる… →

TEST 43

診断

私の価値って……?!
未来のために
がわかります

テレビは世間の情報、自分への評価の象徴。選んだ番組から、あなたが将来活躍できる場所や環境がわかります。また、そこではどんな役割を担うのが最適か診断します。

A あなたのおおらかさで ほんわかムードに

自然風景の特集番組は、穏やかな環境やスローライフをあらわします。将来、あなたが活躍できるのは、家庭や職場などの身近な場所。そこでみんなの癒やしの存在になれそう。

B あなたの包容力で みんなに安心を

ホームドラマは、ズバリ！　家庭環境をあらわします。将来、あなたが活躍できるのは、家庭や地域などの暮らしの場所。そこであなたは安らぎを与える存在になれそう。

C 特技をいかして みんなのサポート役に

趣味や特技は、自己表現と、日常から離れる解放感をあらわします。将来、あなたが活躍できるのは、特技をいかせる場所。そこであなたは周囲に貢献できる存在になれそう。

D もちまえの行動力で 未来を明るく拓いて

海外旅行は未知のものに対する憧れ、好奇心の象徴。将来、あなたが活躍するのは、海外はもちろん、現在の想像を超えた場所や環境です。さまざまな場所で生きがいを与える人です。

TEST 44 

診断

未来のために！
今あなたはなにをすればいいのか
がわかります

キッチンは家事の中心で、母の象徴。ゴチャゴチャした状態をどうするかで、あなたの行動を診断し、未来のために今なにをすればいいか考えましょう。

A 無理無駄をしない未来を発見して！

能力が高く、器用にふるまうあなた。未来のために自分の人生を根本から見つめて。まずはもちまえの行動力で、不要なものや自分の大切にしたい考えを明確にするといいでしょう。

B 思い切って人生の棚卸を！

まじめで大きな変化を好まないあなた。未来のために今まで捨てられなかったものを手放してみましょう。生き方もシンプルになり新たなものごとが入り、自分の可能性を知るきっかけになります。

C 夢を叶《かな》えるには継続することが大切

見切りが早く前向きなあなた。未来のためにコツコツ続けることが目標を叶えるカギ。資格取得の勉強やそのために必要な資金の準備をして、なりたい自分を手に入れていきましょう。

D イヤなこともやる習慣を身につけて！

安定志向でイヤなことには向き合いたくないあなた。未来のために「向き合う」「節目をつける」クセをつけて、いつもそのままにしていることを少しずつでもいいのではじめていきましょう。

TEST 45

タイムマシーンに乗って小学生のあなたに会いに行こう!

いちばん最初に行ってみたい場所はどこ?

A 体育館　B 音楽室

C 美術室　D 図書室

診断結果はページをめくる… →

TEST 46

小学生のころにタイムスリップしたあなた

校庭には懐かしい遊具が。
今の大人のあなたが遊んでみたいものは?

A すべり台　B 鉄棒
C ブランコ　D シーソー

診断結果はページをめくる… →

TEST 45

診断

あのころの私の夢を叶えよう！
子どものころに抱いた夢や憧れ
がわかります

過去への旅は潜在意識への旅。小学校時代は純粋な希望や夢がつまっています。子どものころの夢を、あなたの未来のヒントにしてみましょう。

A　わくわくした輝きを思い出して！

体育館はセレモニーや人前での輝かしい活躍を意味します。幼いころに抱いたあなたの夢は人気者のアイドル?!　集りの司会や出し物に出演してみては?! 華やかな未来へは行動力がカギ。

B　思いやりのある優しさを思い出して！

音楽室は安らぎや癒やしの場を意味します。幼いころに抱いたあなたの夢は優しい看護婦さん?!　これから大切な周囲の人へ、癒やしを提供する機会をつくっていきましょう。

C　色とりどりの創造力を思い出して！

美術室は色とりどりの美しさや創造性を意味します。幼いころに抱いたあなたの夢は、かわいらしいお花屋さん?!　仕事やお稽古で、芸術や花にたずさわってみるのもおすすめです。

D　わくわくしたひらめきを思い出して！

図書室は学びと研究、知識と経験を意味します。幼いころに抱いたあなたの夢は発明家?!
インスピレーションやアイディアを具体的な形にしてみて。特許取得も夢ではないかも?!

TEST 46

診断

キラキラの未来を！
あなた流の輝き方
がわかります

校庭にある遊具は無邪気な遊び心の象徴。楽しさは得意分野につながります。遊んだ遊具から、あなたが輝くために必要なものが見えてきます。

A 好きな趣味で自分を磨いて！

すべり台は自由と解放をあらわします。なにごとにも束縛されない時間の中で、心のおもむくままに趣味を堪能することが楽しいあなた。趣味をいかして収入を得たり、人に認めてもらえるかも。

B 得意分野を伸ばしてチャレンジ！

鉄棒は意思の固さや努力の成果をあらわします。ひとつのことに集中して取り組み、成果を出すことに快感を得ることに長《た》けているあなた。今からやりたい仕事をはじめてみるのもいいかも。

C たまには冒険してみて！

ブランコはなにかを操る面白さと日常のマンネリ化の両極をあらわします。なにげない毎日に「つまらないなぁ」と感じたら、小旅行に出かけるなど、気分転換で生活に刺激を。

D 家庭と自分とのバランスをキープ

シーソーはバランスとコミュニケーションをあらわします。家族との意思の疎通を心がけ、家事と仕事、趣味などバランスをとる姿勢があなたをイキイキと輝かせてくれるでしょう。

TEST 47

散歩中にすれちがった着物を着たステキな女性

着物はどんな模様だった？

A 市松

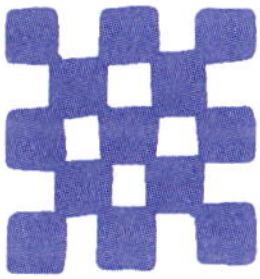

B うさぎ

C 矢がすり

D 霞《かすみ》

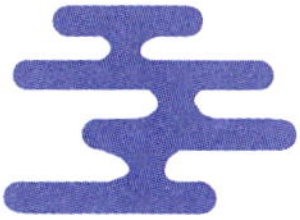

E 亀甲

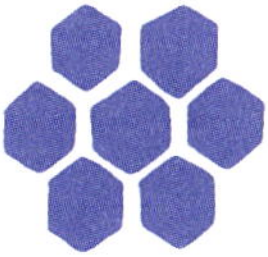

F 桜

G 蝶《ちょう》

H 唐草

I 牡丹《ぼたん》

診断結果はページをめくる… →

TEST 47

診断

どうなる？ 10年後のあなたのイメージがわかります

着物の柄や模様は性格をあらわしています。選んだ模様から、10年後のあなたを導き出します。夢を実現するためになにが必要なのか、未来を予測しましょう。

A 未来に向けて着々と準備中？！

市松は現実性の象徴。現実主義でしっかり者のあなたは、計画的にものごとを進める行動力のもち主。そのパワーで10年後も自分のやりたいことを実現していることでしょう。

B 愛をそそいで自由も手に入れて！

うさぎは母性や世話好きの象徴。家族に愛情をかけるあなたの10年後は、今よりもっと家庭円満で幸せそう。自分も大切にできれば、家事、仕事、趣味、すべてを楽しめます。

C 無理は禁物マイペースに！

矢がすりは目標の象徴。向上心いっぱいなあなた。無理をしすぎて挫折しないよう注意して！他人と比較せずマイペースで、目標に向かっている10年後の自分をイメージして。

D あなたらしさで未来を明るく！

霞は不安の象徴。感受性が豊かなタイプのあなた。その繊細な感覚と個性的な才能を発揮すれば、10年後には独創的なあなたらしい夢を実現していることでしょう。

E　みんなの力を借りて大きく前進！

亀甲は防衛本能の象徴。研究熱心で、なにごとも自分でやり抜く、独立独歩なあなた。その行動力をいかしながら、周囲との調和を大切にできれば、10年後には今の夢を手にするはず。

F　夢をつかむにはまずチャレンジ！

桜はうつろいの象徴。心配性なあなたは、失敗を避けて、なにごとにも慎重に行動しすぎているかも。10年後、夢を実らせるためには、臆病にならず、前を向いて進む気持ちを大切に。

G　苦手を克服してキラキラな未来を！

蝶は元気の象徴。快活で楽しいことに夢中になるあなた。好きなことだけでなく苦手なことにも挑戦していれば、豊かな人生経験をいかして夢を実現する10年後がイメージできます。

H　周囲との調和が未来をにぎるカギ！

唐草は力強さの象徴。あなたは自分に自信をもって行動できる、たくましいタイプ。でも、ときには妥協することも必要。バランスをじょうずにとることで、10年後は夢を叶《かな》えられそう。

I　主体性を身につけてやりたいことをやる！

牡丹はおおらかさの象徴。平和主義なあなたは、人との摩擦を恐れすぎているようです。自分のやりたいことはしっかり伝えられるようにして、夢が実現していく10年後の自分を描いて。

TEST 48

日も暮れて夕食の時間

日ごろのあなたの食事のとり方はどのタイプ？

A おなかいっぱい食べるのが好き

B 食欲にムラがある

C 身体や栄養のことを考えながら、いつも腹八分目

診断結果はページをめくる… →

TEST 49

とある画家の名画があります

名画のタイトルは？

Ａ「雪中の山」　Ｂ「葡萄《ぶどう》のある静物」

Ｃ「修道女の肖像」　Ｄ「夕焼けの空」

診断結果はページをめくる… →

TEST 48

診断

将来のために あなたにおすすめな貯蓄法 がわかります

食事は人間が生きる力、エネルギーの象徴。あなたの食事スタイルから、お金というエネルギーとの関わり方を診断し、おすすめの貯蓄法を導き出します。

A 目標額があなたの原動力

本能と直観で動くことが得意なあなた。先のことより今に意識が向かいやすい傾向があります。毎月の給料天引きで目標額を決めて、着実に貯蓄していきましょう。

B 貯金箱でコツコツ貯《た》める?!

イメージや感性、美意識が高いあなた。人からの評価を気にする繊細さがあります。まずは気負わず気軽に、臨時収入や小銭をコツコツ貯金箱に貯めて楽しみましょう。

C 時代を見極めてしっかり貯蓄

安心安全、バランス感覚のあるあなた。慎重でなんでも先延ばしにしがち。リスクをおさえた投資信託で貯蓄をふやしてみては？　政治や経済の動向を見極めながら貯蓄しましょう。

LIFE ADVICE

あなたが本当にほしいのは?

「ほしいものはなに?」と聞くと「お金」と答える人は多いかも……。お金は幸せを実感するための数多くある手段のひとつ。本当にほしいものはなにか、時々ふり返ることも大事です。

TEST 49

診断

知っておこう！ キレイなあなたをずっと保つ秘訣がわかります

タイトルにこめられた絵画の内容は、あなたの性格をあらわします。選んだタイトルから、あなたがキレイを保つ秘訣《ひけつ》がわかります。

A あなたの美には眠ることが大切

あなたが選んだ絵画のタイトルは、クールと凛々《りり》しさの象徴。あなたは仕事や家事のために、休息や睡眠をおろそかにしがち。適度な休憩と睡眠時間をじゅうぶんとり、健康的な美を保って。

B あなたの日常を美で包んで

あなたが選んだ絵画のタイトルは、家庭と物静かさの象徴。あなたにとって穏やかな日常がなによりの美の秘訣。花を飾ったり、美しいインテリアで心を満たすと、心から美を保てます。

C 規則正しい生活で美しさをキープ！

あなたが選んだ絵画のタイトルは、不摂生の象徴。不規則な生活を送りがちなあなた。バランスのとれた食事で生活リズムを整えて、心身ともにヘルシーな美を保ちましょう。

D 美しさをつかんでイライラを退治

あなたが選んだ絵画のタイトルは、対人ストレスの象徴。日ごろからのイライラがあなたの問題かも。体を動かすなど健康的な発散をして、内面から健康的な美を保つようにしましょう。

TEST 50

楽しいショッピング

Q 1

足もとのおしゃれを楽しみたいあなた。
買ったものは？

A サンダル

B スニーカー

C パンプス

Q2

隣はカバン屋さん。
素敵なバッグがたくさん並んでいます。
あなたが買ったものは?

A トートバッグ

B リュックサック

C 旅行カバン

診断結果はページをめくる… →

TEST 50

診断

未来の扉をあけるカギ！
ずっと自分を好きでいるために必要なこと
がわかります

くつは性格、カバンは能力やステータスを象徴し、自己イメージや生きがいが反映されます。買ったものから、「私」をずっと好きでいるために必要なことが見えてきます。

2つの問題で選んだそれぞれの記号（A〜C）のクロスするナンバー（1〜9）があなたのタイプです。

Q2＼Q1	A	B	C
A	1	4	7
B	2	5	8
C	3	6	9

1 家族みんなに感謝と貢献を

サンダル＆トートバッグを買ったあなたは、会社や組織よりも家族の中で存在意義を見出《みいだ》していきそう。家族に感謝と貢献をすることで、ますます自分を好きになれます。

2 癒やしを堪能し心に余裕を

サンダル＆リュックサックを買ったあなたは、今多くの責任や苦しみを抱えているのかも？　癒やしを堪能し、心に余裕をもつことで、笑顔で人生を切り開いていけるでしょう。

3 自分自身を信頼して新しい世界へGO！

サンダル＆旅行カバンを買ったあなたは、新たな世界への好奇心に満ちています。しかし、慣れた日常から飛び立つことに不安もあるようです。自分の可能性を信じてみて。

4 家族とともに健康がいちばん

スニーカー＆トートバッグを買ったあなたは、若さが魅力。毎日を元気いっぱいにエネルギッシュに生きていくことに喜びを感じます。そのためにも家族とともに健康でありましょう。

5 がんばった自分を労《ねぎら》ってあげて

スニーカー＆リュックサックを買ったあなたは、がんばり屋。どんな試練も乗り越えてきました。自分自身を抱きしめて。いつもがんばっている自分をねぎらい、いたわってあげて。

6 やりたかったことをやってみよう!

スニーカー＆旅行カバンを買ったあなたは、いろんな体験をすることが大好き。心はすでに準備ができているはず。ずっとやりたかったことを行動に移してみましょう。

7 家族で協力成長・発展させて

パンプス＆トートバッグを買ったあなたは、子育てや夫の出世といった家族の成長・発展に生きがいを感じます。家族で協力し、みんなでの成長・発展に励んでみて。

8 ありのままの自分を受け入れましょう

パンプス＆リュックサックを買ったあなたは、世間や組織のルールに従順で、「〜でなければいけない」と思いがち。そんな制限を手放し、ありのままの自分を肯定し、受け入れて。

9 妥協はダメ! 新たな野心を

パンプス＆旅行カバンを買ったあなたは、世界進出も視野に入れた社会での活躍に憧れています。「人生こんなもの」。そんな妥協ではなく、これまでの経験を土台に新たな野心をもって。

おわりに

この本を手にとってくださってありがとうございます。
読み終わった感想はいかがでしたか？
「心」の様子を探ることはできたでしょうか。

ついつい欠点に目がいってしまったり、
否定的にものごとをとらえてしまったり……
人の心には、このようなクセがあります。
この心理テストはあなたやあなたの
まわりの欠点を探すものでは決してありません。
「気づき」を得て自己成長していただくためのものです。
このタイプはいい・あのタイプは悪いではなく、
あるがままに自分と人とをとらえてください。
ちがうタイプの人がいるから、
お互いを補いあうことができます。
だから、人生は発展していくのです。
自分のよさに気づき、
そして人のよさを認めるためのヒントとして、
本書をおおいにお役立ていただければ幸いです。

人生の問題というのは自己成長するための課題です。
「解決しない課題はない」と心理学ではいわれています。
では課題を解決するためにはどうすればいいのか。
その答えは、「私はできる！」という自己肯定感をもち、
自己イメージをポジティブにすること。
そして人生を創造していくこと。

「なんで私はこうなんだろう」という過去思考ではなく、
「私はこうだから、こうしていこう！」という未来思考で
楽しいクリエイティブライフを満喫してください。

あなたのことを心から応援しています。

本書に愛と感謝をこめて……

心理カウンセラー　前田京子

著者紹介

前田京子（まえだ・きょうこ）

Leap Creation　前田京子カウンセリング事務所代表・人財育成コンサルタント・メンタルコンディショニングトレーナー・講師・心理カウンセラーコーチ・心理テスト作家・千葉商科大学社会人大学院客員講師・日本薬科大学非常勤講師・シンフォニア所属文化芸能人。
「人・自分生き活き～命の発揮～」「コミュニケーションをシフトして22世紀に命を繋ぐ」を理念に、その人がもつ可能性を引き出す実践的スキル提供と、最新のコミュニケーションの観点に基づく、実践の講義や心理相談、個人コーチングを展開する。楽しくためになる心理テストにも定評があり、TVやラジオ、雑誌など多くのメディアでも活躍。
監修に『ホンネがわかる心理テスト』『気になる！恋愛心理テスト』（以上、西東社）、『男のホンネ女のココロがわかる50の心理テスト』（泉書房）、『プラス人生の！ビジネス女子力トレーニング』（TAC出版）など多数。

ホームページ　http://www.caraway.jp/

心理テスト作成----------------内芝奈美、岸抄世子、酒井明美、山本しのぶ
坪井香子（COCO Tsuboi）

自分の本性にヒヤッ！　あの人の本音にドキッ！
おもしろすぎて眠れなくなる「心理テスト」

2014年9月17日　第1版第1刷発行

著　　者　前田京子
発 行 者　安藤　卓
発 行 所　株式会社PHP研究所
京都本部
〒601-8411 京都市南区西九条北ノ内町11
内容のお問い合わせは〈教育出版部〉TEL 075-681-8732
購入のお問い合わせは〈普及グループ〉TEL 075-681-8818

印 刷 所　図書印刷株式会社

©Kyoko Maeda 2014 Printed in Japan
落丁・乱丁本の場合は、送料弊社負担にてお取り替えいたします。
ISBN978-4-569-81759-0